李白的爱情

大多数人的爱情，在柴米油盐和家长里短。
李白的爱情，在路上……

邓石岭 ◎ 著

北京日报出版社

图书在版编目（CIP）数据

李白的爱情 / 邓石岭著. -- 北京：北京日报出版社，2020.7

　　ISBN 978-7-5477-3647-0

　　Ⅰ. ①李… Ⅱ. ①邓… Ⅲ. ①李白（701-762）—人物研究 Ⅳ. ①K825.6

中国版本图书馆CIP数据核字(2020)第078152号

李白的爱情

出版发行：	北京日报出版社
地　　址：	北京市东城区东单三条8-16号东方广场东配楼四层
邮　　编：	100005
电　　话：	发行部：（010）65255876
	总编室：（010）65252135
印　　刷：	东莞市比比印刷有限公司
经　　销：	各地新华书店
版　　次：	2020年7月第1版
	2020年7月第1次印刷
开　　本：	710毫米×1000毫米　1/16
印　　张：	13
字　　数：	200千字
定　　价：	39.80元

版权所有，侵权必究，未经许可，不得转载

引子

常常想起李白。

20岁之前，喜欢李白。30岁，喜欢杜甫。到了40岁之后，又喜欢李白了。也许，是一个人从活得简单到复杂再到简单的过程。

中年后读杜甫，那些悲凉，都不叫作悲凉了。中年后再读李白，那些朗朗上口的简单里，有了一丝一丝的痛。

明月高洁之夜，李白就会抵达中国大大小小知识分子的酒杯里。无论是在羁旅还是在爱人的怀里，李白适合在沉重的生活里来点儿小小的感叹。

相比疾病而死，我更喜欢那个捞月而死的传说。芸芸众生如我，都愿意相信传说，传说给平淡生活的点缀，远远胜过残酷的真实。活在传说里，就是活在幸福里。李白不可能病死，就像李白不可能守着一个女子，过举案齐眉的生活。李白也不会在诗歌里，和一个女子，卿卿我我。

大多数人的爱情，在柴米油盐和家长里短。

李白的爱情，在路上。

目录

001　**一　孟浩然**

002　01　李白和孟浩然两个人,在一起就是一笔风流账。风流不是每个人都能拥有的,芸芸众生如我辈,心向往之而不能至。

011　02　浪漫的李白,想让这爱情,在盛唐的天空,为他开出一朵锦绣的前程。

017　**二　长安,长安**

018　03　李白要找的,或许就真是一段婚姻,助他敲开官家之门。而许家女子,全身心投入的,的的确确是一段爱情。

024　04　如果说建功立业的雄心、不断受挫的失败成就了李白,无疑,那个默默地站在他身后的宰相孙女,更是成就了李白。

032　05　或许，宰相家的女子，心里都住着一个英雄，如果自己不能开成一朵娇艳的花，那么，就让内心里永驻着一个英雄王子的梦。

038　06　宗小姐一定相信，真正幸福的爱情，就是一次仰望，一次懂得，就是在世俗的尘埃里，开出娇艳又骄傲的花来。

045　三　戴天山的那个道士

046　07　李白早期的清新明快与工笔细绘，在后期趋向于大写意、大开合、大悲悯、大孤独。而其空灵之境则随着人生的"不遇"而日入化境，烟火愈来愈少，仙气愈来愈多。

051　08　李白一生都无法成为名士，他一直是一个斗士！斗士的境界追求"遇"，而名士的境界是追求"不遇"。

056　四　秋浦之愁

057　09　李白无时不在调动全身礼赞生命，享受生命。想方设法积极入世是对生命的高度礼赞，而游名山大川高调隐居是享受生命的极致，两者既矛盾又统一。

063　10　太平盛世也愁，国破家亡也愁。不愁的诗人都不是好诗人。

070	**五 再美的爱情，不过一个"熬"字**
071	11 整个盛唐的少女，等待的，都是这样的一个李白。这个唐朝的"网红"，倜傥风流，才华横溢。
077	12 再美的爱情，不过一个"熬"字。熬出来的，是爱情；熬不出的，是悲情。熬出来的，是千古佳话；熬不出的，是千年一叹。
083	**六 昨夜星辰昨夜风**
084	13 其实不管是反目成仇还是成为一辈子的神仙眷侣，只要是爱，就一定是深深地影响对方，就一定是心甘情愿地为对方付出，哪怕是痛苦的煎熬，却甘之如饴。
090	14 于婚姻，政治投机的李白需要等待与捕捉时机；于爱情，浪漫主义诗人需要羞答答的玫瑰静悄悄地开。
098	**七 742年的会稽愚妇**
099	15 李白在临上长安前，也秉着"一个也不放过"的精神，对刘氏不惜以"会稽愚妇"的典故破口大骂，这里面该有多少深仇大恨？
107	16 只有李白，是一个独特的符号，他张扬着一面纯粹的诗人的旗帜，在呐喊中竭力前行，在痛苦中日夜兼程。

113	八	多情与痴情
114	17	如果这添香的红袖，能够读懂眼前埋头苦读的男人，如果这男人，在埋头苦读的间隙，偶尔抬起头给这女人深情的一瞥，或许，这就是爱情了。
122	18	或许更有一种甜蜜的、苦涩的爱，那就是，把它珍藏在心间，不喧嚣，不张扬，一由它，在内心的某个角落生长。
132	九	我长得寂寞了
133	19	一篇《与韩荆州书》，成为文学史上千古名篇，也让韩朝宗成为千古名人，却并没有让李白谋得一官半职。
139	20	他有再高的理想，也只能任由人控制命运。他有再多的才华，也只能含泪写些屈辱的文章。诗酒入愁肠，老了青春，误了年华。
144	十	傲骨、媚骨、反骨
145	21	都说人生难有几回搏，都说最美还是夕阳红，都说老夫聊发少年狂，他甚至没有看清前面是雨天还是晴天，是阳关大道还是羊肠小道——李白豁出去了。
150	22	李白一直相信自己也拥有一支像鲁仲连那样的箭。只要他这一支箭射出去，天下安定，即可"谈

笑凯歌还"。

156	**十一　累累若丧家之狗**
157	23　从不远千里去安陆相亲开始,他就走上了丧家之狗的道路,步步为营,步步惊心,奔波的路上有寄人篱下,有摇尾乞怜,有垂头丧气。
162	24　他是一个追风的少年,不知风从哪边来,只要看见有风,拔腿就追,最后被风刮得晕头转向。
169	**十二　庐山恋**
170	25　那一条下山的路,56岁的李白,一定是绝尘而去。宗氏的爱情,也如那庐山的风,绝尘而去。
176	26　他奔放如长江之水,自由如庐山之风,没有一个女人的怀抱是李白温馨的港湾。
181	**十三　再说大悲凉**
182	27　李白的痛,是建功立业的"少年心事当拏云"之痛,是"大道如青天,我独不得出"之痛。
187	28　历史总是华美庄严,生活总是向隅而泣。尽情地鄙视李白吧!让他去哭!一个人,躲在没人的角落,为一辈子的失败买单。
194	**十四　葬我**
195	29　他把一辈子的相思,都给了月亮。那个遥不可及的月亮,皎洁,却清冷;普照人间,却不可接近。

一 孟浩然

01

李白和孟浩然两个人,在一起就是一笔风流账。风流不是每个人都能拥有的,芸芸众生如我辈,心向往之而不能至。

公元725年。湖北襄阳。一个不起眼的农家。大诗人孟浩然,在家种菜种竹,吟诗喝酒。飘然于世外,醉卧于云丛。

孟浩然,生于689年,年长李白12岁。此时,荆楚大地,37岁的孟浩然,已诗名远播。孟浩然23岁时就开始尝试过隐居生活,25岁时,走长江,游洞庭,登岳阳楼。盛唐气势,少年壮志,浩瀚洞庭,让孟浩然诗情澎湃,写下《望洞庭湖赠张丞相》:

八月湖水平,涵虚混太清。
气蒸云梦泽,波撼岳阳城。
欲济无舟楫,端居耻圣明。
坐观垂钓者,徒有羡鱼情。

少时读孟浩然这首诗，常被"气蒸云梦泽，波撼岳阳城"所震颤。没错，诗歌就是有这个功能，给你全身发抖般的感觉，这就是震颤。"震颤派"的诗人很多，孟浩然其实完全不属于这一路数的，但仅这两句，就可看出孟浩然的才华直追李、苏。这两句诗，和李白的"君不见，黄河之水天上来，奔流到海不复回"一样，和苏轼的"大江东去，浪淘尽，千古风流人物"一样，都让人全身的血液突然之间燃烧起来，接下来，日思夜想的，都是那个地方。

慢慢长大，再来读孟浩然这首诗，才知道，原来这首诗从标题上，就是要分两部分来看的，少时看到的，只是"望洞庭湖"，现在才知道孟老夫子其实根本没有那闲情逸致"望洞庭湖"，人家真正想的，是"赠张丞相"。洞庭湖到底壮阔不壮阔，不是孟浩然最关心的，他关心的是怎样才可以做官。

中国知识分子，或者说中国文人，臭毛病是比较多的。

民国时期有一个和张爱玲齐名的才女叫苏青，写了一本《饮食男女》。苏青说："女人所说的话，恐怕多不可靠，因为虚伪是女人的本色。一个女人若不虚伪，便将为人所不齿，甚而至于无以自存了。"紧接着，苏青女士又说："女人是神秘的！神秘在什么地方，一半在假正统，一半在假不正经。譬如说，女人都欢喜坏的男人，但表面上却佯嗔他太不老实，那时候男子若真个奉命唯谨地老实起来了，女子却又大失所望，神色马上就不愉快起来。"

引用这么长的苏青，有点儿用心险恶。中国文人，也正是像中国女人一样的，明明喜欢一个人，爱半推半就，爱欲说还休，用在当官上，也莫不如此。读李白，读李白的诗，读李白的爱情，我们发现，不是文人的李白，比是文人的李白，有趣得多。

孟浩然也一样。孟浩然登岳阳楼，醉翁之意不在酒，羡慕的是垂钓者的鱼。孟夫子说，我也想去钓鱼啊，没有船怎么办呢？孟夫子的意思明白得很，我想当官，可是没有人推荐我呀。中国知识分子都有一颗"天下兴亡，匹夫有责"的大心脏，也有一颗死要面子活受罪的小心脏。

李白也是喜欢陶渊明的，包括嗜酒如命，包括动不动来个隐居。但无论是李白还是孟浩然，在人格独立上，比陶渊明，还差那么一点点。

陶渊明是魏晋最后一位名士，做过彭泽县令。这个七品芝麻官，因为爱酒，将自己那三顷公田，全部种上酿酒用的高粱。可惜的是，还没等到高粱成熟，陶渊明就辞职了，并由此流传下来一句千古名言："吾不能为五斗米折腰，拳拳事乡里小人邪！"

只做了八十多天县令的陶渊明，从此就真的"晨兴理荒秽，带月荷锄归"，再也没有做官了。

几千年的中国文明史，也确实有很多陶渊明们。用易中天的话说，"他弯不下那高贵的腰"。

幸好，也没有更多的陶渊明们。比方说，在唐朝。

唐朝知识分子真是个例外。唐文化在整个封建社会文化体系里,也是个例外。武则天作为女人也可以当皇帝,以玉环之胖可以跻身四大美女。所以,李白这样的知识分子,只可能诞生于唐朝。

生在唐朝的孟浩然也一样,读了这么多年子曰诗云,就想当官,想当官又没人引荐,怎么办?就扭扭捏捏写诗。写什么诗?写干谒诗。

干谒诗是什么东西?

先从那个有名的朱庆余说起。朱庆余是826年的进士,当然也是必须生活在唐代。在唐代,参加进士考试前,士子们都爱这一套:行卷。行卷是什么东西呢?所谓行卷,当然不是行贿,但目标是一样的,就是挖空心思写诗送给权威人士甚至主考官,期望得到关注。后来,干谒诗就相当于自荐信,这活儿,李白干过,杜甫干过,白居易干过。但朱庆余干得最漂亮,以至于成了佳话。

话说当年朱庆余参加进士试,心中忐忑,以七言绝句《闺意赠张水部》给时任水部员外郎张籍,以此试探。诗云:

洞房昨夜停红烛,待晓堂前拜舅姑。
妆罢低声问夫婿,画眉深浅入时无?

张籍何等聪明之人,也是一片爱才之心,立即给朱庆余回了一首诗：

越女新妆出镜心，自知明艳更沉吟。
齐纨未足时人贵，一曲菱歌敌万金。

顺便说一下，朱庆余，浙江绍兴人。这绍兴，到底什么样的山水，生养了这么多才情横溢之人？再顺便说一句，我初学写文章之时，也动不动就爱在投稿信里给编辑老师附上一句"画眉深浅入时无"，人在年轻时，谁没有不知天高地厚过呢！这么一想，我就原谅了李白和孟浩然。

再说孟浩然。写干谒诗写到孟夫子这份上，自是天下第一等文字了，既不掉了知识分子那层面子，又表明了自己的想法，很考验人。李白比孟浩然更想当官，也写过很多干谒诗，为了想得到韩荆州的赏识，李白谄谀之术登峰造极，他说"生不用封万户侯，但愿一识韩荆州"，本来就为万户侯而去，但偏偏要说"生不用封万户侯"，因为还有比封万户侯更重要的事，就是认识韩荆州。

和孟浩然相比，李白跑官要官要赤裸裸得多。

并不那么年轻的孟浩然，把那气势雄浑、立意高雅的干谒诗，写得热血沸腾，把自己感动得稀里哗啦。写了，然后就想着怎样"居庙堂之高则忧其民，处江湖之远则忧其君"。然后，孟诗人回家了，继续在家里喝酒、种菜、写诗，写诗、种菜、喝酒。激动过后，啥事也没有。

但这一点儿也不妨碍李白对他的景仰。有才华的人，在家里种菜也有人送酒来喝。孟浩然的老家在哪里？湖北襄阳。李白这时在哪里？江苏扬州。在唐代，这距离恐怕不算短。一千多年后，孟浩然的老家又出了一个诗人，叫余秀华，她的"穿越大半个中国去睡你"是全国人民都知道的金句。相比于李白，余秀华也只能小巫见大巫。余秀华没行动，李白才真是"穿越大半个中国去睡你"。

孟浩然因为是襄阳人，又叫孟襄阳。还有别的称呼吗？有，孟山人。古人有字有号，"山人"是孟浩然的号。细看孟浩然这称呼，有点儿意思，一看就是从来没当过官的。倒霉如杜甫，也曾被唐肃宗任命为"左拾遗"，干什么的？说通俗点儿，就是专挑皇帝的毛病的。这官，级别不大风险大，所以杜甫也没干多长时间，但至少比孟浩然多了一个称呼——"杜拾遗"。杜甫还有一个名，叫"杜工部"，只因杜甫还当过检校工部员外郎这样一个小官。别看就这么一个小官，也算是有了资本。

孟浩然没啥资本，就只能叫孟山人了。谁都可以叫"山人"，就像谁都可以叫阿猫阿狗。

可怜的孟浩然，想当官，但一辈子也就喝喝酒、种种菜的命。

这时，李白来了。和李白一起来的，还有李白的好友元丹丘。

闻一多曾将李白与杜甫的相遇，比作太阳与月亮的相会。闻一多说，在"我们四千年历史里，除了孔子见老子，没有比这两人的会面更重大、更神圣、更可纪念"。李白如果魂灵有知，他一定不是这么想的。他想的是，与孟夫子的会面，比与杜甫的会面更重要，更神圣。

李白对孟夫子的"爱"，超过对其他任何诗人，甚至于对妻子，对他喜欢的美酒美妾。有诗为证：

吾爱孟夫子，风流天下闻。
红颜弃轩冕，白首卧松云。
醉月频中圣，迷花不事君。
高山安可仰，徒此揖清芬。

唐代诗人里，能够被李白这样猛夸的，孟浩然恐怕是唯一。为什么夸？李白说，我敬重孟先生啊，风流倜傥，闻名天下。

孟浩然"风流"是真，"天下闻"则未必，李白爱的就是他这"风流"。风流不是装出来的，风流是与生俱来的神采气质，风流是不做作不掩饰的行事作风，风流是陶渊明的"采菊东篱下，悠然见南山"，风流是孟浩然的"绿树村边合，青山郭外斜"。李白一生就为"风流"活着。不风流，毋宁死。

所以，李白和孟浩然两个人，在一起就是一笔风流账。风流不是每个人都能拥有的，芸芸众生如我辈，心向往之而不能至。

魏晋时的阮籍是著名的风流人物，阮籍有个儿子叫阮浑，也想博个风流名声。《世说新语》里有一段记载，品起来很有意思：

阮浑长成，风气韵度似父，亦欲作达。步兵曰："仲容已预之，卿不得复尔！"

有意思的是"作达"这两个字。达而要作，便不是真达。作出来的风流，便不是真风流。"作"是东施效颦。我很怀疑现在大小电视剧里常常听到的"你就作吧"的"作"，就来源于阮浑的"作"。现实生活中，我们常常不愿意自自然然地活着，却口口声声说要活出自我，这大概也是所谓的"作达"吧。

阮籍算是看透了他儿子，他说，你算了吧，你算了吧。

孟浩然是真风流，于是，李白就像余秀华一样：

我是穿过枪林弹雨去睡你
我是把无数的黑夜摁进一个黎明去睡你
我是无数个我奔跑成一个我去睡你

除了风流者的惺惺相惜，李白为什么要"穿越大半个中国去睡你"？

其实，李白这一次来见孟浩然，与孟浩然的风流无关，或者说，关系不大。准确地说，李白是处心积虑地到孟浩然处来求一支婚姻签。

这一年，李白25岁。25岁的大龄青年李白，有人给他撮合了一桩婚事。来见孟浩然前，李白刚刚游遍了金陵、扬州，阅尽金陵美女无数，写过"郎骑竹马来，绕床弄青梅"。或许有那么一两分钟，擦出了爱情的火花。但没有一次，结出了幸福的果实。

李白的爱情，一点儿也不风流。

02 浪漫的李白，想让这爱情，在盛唐的天空，为他开出一朵锦绣的前程。

李白的爱情，一直是羞答答的玫瑰静悄悄地——不开。

只有李白自己知道，并不是爱情之花不开放，是浪漫的李白，想让这爱情，在盛唐的天空，为他开出一朵锦绣的前程。现在无法得知，在李白的内心深处，是否有一个青梅竹马的女子，但李白在金陵，醉入花丛、乐不思蜀却是千百年来为人津津乐道。

按唐律，"男年十五，女年十三以上，听婚嫁"。唐朝人认为从生理上来说，"女子十四有为人母之道，四十九绝生育之理；男子十六有为人父之道，六十四绝阳化之理"。李白生于701年，725年闯荡世界，早就应该是挈妇将雏了。可李白不是，出巴蜀，下扬州，游金陵，选了一条黄金旅游线路。据说，历史大浪淘沙，即使到了现在，中国美女排名，重庆、成都、扬州、南京依然名列前茅。从"美女窝"里出来的"富二代"李白，一踏上金陵、扬州的土地，即诗情飞扬：

耶溪采莲女，见客棹歌回。
笑入荷花去，佯羞不出来。

少年的我看这诗，心脏当即停跳好几秒钟。不是那采莲女的白，最珍贵的，是这二八少女的"羞"和"笑"。

金陵美女，完全不同于重庆美女的火辣辣，那种欲说还羞，欲走又深情回眸的感觉，李白和我一样，完完全全坠进了幸福的汪洋大海中。

他写女子的肤白如雪：

镜湖水如月，耶溪女似雪。
新妆荡新波，光景两奇绝。

他写浣衣女子：

玉面耶溪女，青娥红粉妆。
一双金齿屐，两足白如霜。

生在"辣妹子辣"的湖南，我是真没多少机会见江浙女子，大概说来，没见过浣衣女子的，都不算到过江浙吧。那似雪如霜的白，李白随口一说，就够小说家忙活很久：那粉粉的白、嫩嫩的白，像跳动的白色的火焰。如果说，这些诗还只称得上惊艳，下面这首专门写一个叫金陵子的女子的诗，则完全可以称得上香艳了：

> 金陵城东谁家子，窃听琴声碧窗里。
> 落花一片天上来，随人直度西江水。
> 楚歌吴语娇不成，似能未能最有情。
> 谢公正要东山妓，携手林泉处处行。

金陵子，金陵妓也。在李白眼里，黄河的水从天上来，女人的美也从天上来。而这美，他希望据为己有，要像谢公一样，与美丽的金陵子携手林泉，过神仙美眷的生活。

谢公是谁？东晋著名宰相谢安。谢安早年隐居会稽郡山阴县（今浙江绍兴）之东山，每日游山玩水。后来东山再起，号称"江左风流宰相"。谢安和陶渊明一样，都是李白的人生导师。李白在不少诗文里写到谢安。如"尝闻谢安石，携妓东山门"（《书情题蔡舍人雄》）。"我今携谢妓，长啸绝人群。欲报东山客，开关扫白云。"（《忆东山二首》）李白的诗，无非透露出几个信息：一是希望能像谢公一样风流倜傥，纵情山水；二是希望能像谢公一样，辅佐国家，建不世之伟业。这两种思想贯穿李白的一生。

在李白"粉丝"的美好的愿望里，希望这金陵子就是李白的红粉知己，陪他走过一生，陪他畅游河山，陪他击节而歌，陪他饮酒而舞，陪他一起去捉月。

而更多热爱李白的人，都希望有一场惊世骇俗的爱情为李白盛开，浪漫的诗人也值得拥有一份这样的爱。

但李白等不来那段爱情。或许，李白自己心里清楚地知道，爱情是在路边，婚姻是在枕边。无论是婉约派浣衣女，还是豪放派的金陵子，都不是他的菜。

直到有一天，一个叫孟少府的朋友，为李白的人生和爱情打开了另一扇门。

孟少府要给李白介绍的对象，是唐朝已故宰相许圉师的孙女，家在湖北安陆。许姑娘也是25岁的大龄女青年了，听说才貌双全，又是宰相的孙女，对一般文艺青年根本看不上眼。

从江苏扬州到湖北安陆，可走水路溯长江而上。要去见未来的老婆，以李白那"两岸猿声啼不住，轻舟已过万重山"的高铁速度，不用多久就可以见到心上的人儿，圆那美满的婚姻。

但李白不急，他这次偏偏坐的是慢车，还绕行。从扬州出发，他向北而行，绕了一个大弯，先到了河南颍阳，去见一起学道的朋友元丹丘。当婚姻突然来临时，李白像一个毛头小伙一样拿不定主意。是对即将来临的婚姻的恐惧，还是对金陵子的无比依恋？离奇的是，在李白的任何诗文里，都找不到对这一场爱情与婚姻的憧憬。对方是宰相的孙女，这对感情细腻又浪漫的诗人来说，没有"诗以记之"，简直是不可想象的。

看人家胡适博士，美国留学归来后，想去看看他真正的

"浣衣派"父母包办的那个不通文墨的女子,可人家女子偏不见他。胡适就"诗以记之":

几次曾看小像,几次传书来往,见见又何妨!休做女孩儿相。凝想,凝想,想是这般模样。

乡下小脚女人江冬秀,大字也识不了一箩筐,肯定不是"一顾倾城,再顾倾国",居然引得号称有35个博士头衔的胡适写了很多爱情诗。胡适啊胡适,这没见过世面的"土包子"!

可李白却没有这样"肉麻"。我们唯一能猜测的是,在婚姻问题上,浪漫的李白,是不折不扣的现实主义者。"仗剑去国,辞亲远游",跑官要官这么多年,他得好好想想,这一场婚姻,到底能为他带来什么,以实现其"上摩苍苍,下覆漫漫"的大鹏之志。元丹丘也算是李白的"男闺蜜",是李白在四川时就认识的朋友,在李白眼里,元丹丘就是"娘家人"。元丹丘也提不出什么好建议,只能陪同李白一起风尘仆仆地赶到了襄阳,见到了孟浩然。

就这样,从扬州出发,到颍阳,又到襄阳,辗转几千里,差不多在安陆外围画了一个圈,李白就是不直接去见许家小姐。从李白的人生轨迹来看,这一趟襄阳之行,在李白的一生中起了决定性的作用。我们现在无法知道,孟浩然和李白,这两颗唐诗中耀眼的星星,在襄阳那个农家小院里,有着怎样神游千古的对话。在李白的身上，孟浩然应该看到了自己当年的影子。当有这样一桩攀附权贵的婚姻突然降临，孟浩然会给李白什么样的建议呢？可以想象的是，李白肯定在孟前辈那里得到了答案。由此，李白也真正成了孟浩然的超级"粉丝"。

726年3月，武昌，孟、李再度相遇，李白在此写下著名的《黄鹤楼送孟浩然之广陵》。"孤帆远影碧空尽，唯见长江天际流"，这与奉旨填词的柳三变的"念去去千里烟波，暮霭沉沉楚天阔"一样，一片深情，随那江水滔滔而去。在李白的诗歌里，除了对故乡寄予这样的深情外，包括对妻儿，也没有这样浓得化不开的感情。

反观孟浩然后来走过的道路，也可以看出这一次襄阳之行对李白的影响。

727年，田园诗人孟浩然第一次赶赴长安参加科举考试，不中。结识王维，乃在太学赋诗，感叹"不才明主弃，多病故人疏"，十个字写尽了一肚子的牢骚。

734年，孟夫子第二次往长安求仕，依旧入官无门。

而后来的李白，复制的就是孟浩然的道路。

一个人对另一个人的影响，多么可怕。

二 长安，长安

03

李白要找的，或许就真是一段婚姻，助他敲开官家之门。而许家女子，全身心投入的，的的确确是一段爱情。

李白那一次求婚姻签的结果，是中国诗人婚姻的一次有益尝试，也被很多中国文人成功复制。李白在很多方面都是一个先锋者，一个失败的先锋者。

看这一支婚姻签，给李白带来的是什么：

727年，李白的爱情有了第一次的洞房花烛夜。李白与前宰相许圉师的孙女，一个叫许紫烟的女子，在湖北安陆结婚。这个中国历史上最伟大的诗人之一，在他身边美女如云的时候，做了一个"倒插门"女婿。十多年后，他居然又乐此不疲有了第二次。

728年，李白得女，取名平阳。

730年，李白抛下娇妻幼女，向长安求功名去了。从727年到730年，李白居然有三年时间没有北游南下，是许氏夫人的温柔绊住了李白行走的脚步，还是新婚的甜蜜让李白乐而忘天下？

733年，李白回到安陆。"北漂青年"李白，长安三年，虽然"冠盖满京华"，但是"斯人独憔悴"。

735年至736年，李白又北游太原。游太原回来，浪子李白36岁了，感叹"君不见高堂明镜悲白发，朝如青丝暮成雪"，但随即又说"天生我材必有用，千金散尽还复来"。

738年至739年，李白游襄阳、扬州、苏州、杭州，再到巴陵。

其间，李白还忙里偷闲播了种，许夫人为他生下一个儿子，取名伯禽。

740年，许夫人因产后虚弱，又感染风寒，大病半年，终致撒手而去。

这样算来，李白与许氏结婚后真正在一起的时间屈指可数。李白潇洒地用一首诗作了开脱：

三百六十日，日日醉如泥。
虽为李白妇，何异太常妻？

我曾经面对湖北地图，久久凝视安陆这座小城。安陆何福，让一个叫李白的诗人在此居住达十年之久？安陆何幸，承受了一颗豪放诗人的大心脏？

这一切，都因为那个叫许紫烟的宰相的孙女。

现在很多人都爱把探询的目光放在李白身上，李白七尺男儿、大诗人，为什么心甘情愿地去做一个"倒插门"女婿？而很少有人追问，一人之下万人之上的宰相孙女，为什么偏偏愿意下嫁李白？关于这个叫许紫烟的女子，史料很少有记载。她的才华如何，她的品貌如何，她又是怎样和李白相守，并为他搭建一条通往长安的路？我们都不得而知。

清康熙时的诗人宋俊写过一本《柳亭诗话》，内有这样一段记载：

李白尝作《长相思》乐府一章，末云："不信妾肠断，归来看取明镜前。"其妻从旁观之曰："君不闻武后诗乎！'不信比来常下泪，开箱验取石榴裙。'"太白爽然自失，此即所谓相门女也。

如此看来，许氏夫人才情自是不必说的，绝不是胡适那位只认得几个麻将字的小脚老婆。如果李白再绕床弄几下青梅，那就基本上"幸福的家庭家家相似"了。

但李白在乎的，是否就是这家家相似的幸福生活？

李白要找的，或许就真是一段婚姻，助他敲开官家之门。而许家女子，全身心投入的，的的确确是一段爱情。张炜先生在《也说李白与杜甫》里有一段颇值得咀嚼的话：诗性的浪漫需要相同的情怀去协配，二者之间拥有一种非常特别的语言，一般人很难与之对话。

仰望他的光辉，倾倒在他的才华里，活在他的光环里，并心甘情愿、无怨无悔地为之等候、付出，乃至牺牲。

不知她是否快乐，不知她一个人的时候有多少忧愁？

不知夕阳西下时，她是否牵着两个孩子，在村头苦苦等待那远行的人儿？

不知柔弱多病的她，在夜雨敲窗时，在孩子生病时，怎样以爱的信念，支撑无数孤独与困难？

假如李白遇到的不是许家女子，可以肯定的是，他的长安之行不会这么早地到来。

还是说说李白 730 年的那一次长安之行。

唐代读书人对于长安的感情，如同一个情窦初开的女子对于初恋男孩的感情。所有的人生理想、心中悲喜，都唯有长安可以释放。读书人心中都有一个长安梦。长安梦是"朝为田舍郎，暮登天子堂"，长安梦是荣华富贵、龙腾虎跃、衣锦还乡。要说在长安城里最张狂的，应该是那个比李白小五十多岁的孟郊。孟郊 46 岁那年，第三次赴长安应试，一大把年纪终得进士及第，按捺不住内心的狂喜，一吐心中块垒，写下千古得意之诗：

昔日龌龊不足夸，今朝放荡思无涯。
春风得意马蹄疾，一日看尽长安花。

和孟郊相比，白居易得意得更理直气壮。800 年，白居易 27 岁时，参加国家级考试后，在长安城里也很是张扬了一把。白居易有张扬的资本，因为在同时考中的 17 人中，白居易是名副其实的"小鲜肉"。得意之余，白居易在大雁塔上挥毫题诗："慈恩塔下题名处，十七人中最年少。"

一个人一辈子，有一次这样张扬的机会，值了。

而李白，"秀口一吐，就是半个盛唐"的李白，一直没有这样的机会。多少个夜晚辗转反侧，多少个白天西望长安，多少个梦里，把那长安的诗写了一首又一首，但不管那颗不羁的心如何为之跳动，不管那双不安分的脚如何跨越了千山万水，长安，一直只能是别人的长安。

遇到许氏夫人以前，长安一直是他心中的痛。

而现在，李白也要去长安了。

严格来说，是许氏夫人，为他开辟了一条去往长安的路。没有许家搭路，李白的第一次长安之行，不知还要往后推多少年。

李白此去，是要去拜访在长安担任光禄卿一职的许圉师的侄孙许辅乾，再由许辅乾牵线，见玄宗的妹妹玉真公主，再由玉真公主牵线，一识唐玄宗。李白的梦想很美好，虽然自己这么多年闯荡江湖，诗名远扬，可苦于一直没有飞黄腾达的机会。

安陆毕竟不是长安，再好的温柔乡，也关不住一个诗人的梦想。

现在，机会来了。为这一天，他已经等待了好久好久。

从此，就让那"达达的马蹄"，在长安街上刮起我李太

白的旋风吧。李白当然不知道,一千多年后,有一个叫郑愁予的诗人,写了一首这样的诗。我怎么看,都像李白写的:

> 我打江南走过
> 那等在季节里的容颜如莲花的开落
> 东风不来,三月的柳絮不飞
> 你的心如小小的寂寞的城
> 恰若青石的街道向晚
> 跫音不响,三月的春帷不揭
> 你的心是小小的窗扉紧掩
> 我达达的马蹄是美丽的错误
> 我不是归人,是个过客……

诗的题目是什么呢?《错误》。"我不是归人,是个过客",多好!

我们都是过客。可我们的心里,都怀着一个不死的长安梦!从这个意义上来说,每个男人,都是李白。

04 如果说建功立业的雄心、不断受挫的失败成就了李白,无疑,那个默默地站在他身后的宰相孙女,更是成就了李白。

  从湖北安陆到长安,路途迢迢。

  李白从安陆出发,经南阳,过武关,经商洛,过灞水,走的正是当年刘邦奉楚怀王之命,率兵西进的同一条路线。秦二世二年九月,楚怀王与诸将相约,"先破秦入关者王之"。刘邦起于沛时,"以屠狗为事",出征时,人马不足一万。经过十个月千里转战,一路招兵买马,入关后,已达十万大军。这样的一条路线,每一寸土地,每一株草木,都写着英雄的故事。李白在后来的《相和歌辞·古朗月行》里专门写道"但歌大风云飞扬,安得猛士兮守四方",这两句诗,化自于刘邦做皇帝后写的《大风歌》:"大风起兮云飞扬,威加海内兮归故乡,安得猛士兮守四方。"和"诗人李白"这个文化符号相比,一心出人头地的李白,才是一个更真实的李白。就这样,李白一路游山玩水,一路追思怀古,一路做着建功立业的美梦,奔长安而去!

这一年，19 岁的杜甫，也开始在祖国大地上奔走。

从 730 年到 732 年，加上在长安周边游山玩水的时光，李白在长安前前后后有两年多，连皇帝的影子也没见到，至于他一直仰慕的玉真公主，也没有能一睹其芳容。

我们现在无法想象，七百多个日夜，要办的事一件也没办成，这"北漂"的李白，是怎样在长安混过来的？毕竟，以他的性格，在妻子、孩子身边也不可能一待两年多。

长安，就像诗人热恋中的女子——天天在她楼下唱歌，天天装饰着他的梦。而长安，也永远是别人家的新娘。

长安的天空遮不住李白的忧愁，长安的街道也无法留住李白踉跄的脚步。诗人有诗人的办法寄托，一首《长相思》，写得肝肠寸断：

长相思，在长安。
络纬秋啼金井阑，微霜凄凄簟色寒。
孤灯不明思欲绝，卷帷望月空长叹。
美人如花隔云端！
上有青冥之长天，下有渌水之波澜。
天长路远魂飞苦，梦魂不到关山难。
长相思，摧心肝！

美人啊，美人，仿佛相隔在云端，摧人心肝，梦断魂魄。这"美人"是谁？唐玄宗也。

这一首《长相思》，不就是郑愁予的《错误》吗？郑愁予在写诗的时候，就意识到是个"美丽的错误"，李白却一直没意识到。

现在看来，李白的悲剧和喜剧正在于，明知"蜀道之难，难于上青天"，明知"大道如青天，我独不得出"，依然"天生我材必有用，千金散尽还复来"，依然"长风破浪会有时，直挂云帆济沧海"。

悲哉李白！

幸哉李白！

盛世的唐朝，极大地膨胀了男人仗剑走天下的情怀。经济发达，军事强盛，文化开放，万邦来朝，盛唐的天空，飘散着强烈的荷尔蒙气息。

李白自己有诗云：

胡姬貌如花，当垆笑春风。
笑春风，舞罗衣，君今不醉欲安归。

杜甫感叹自己没有赶上繁荣太平的好时节：

忆昔开元全盛日，小邑犹藏万家室。
稻米流脂粟米白，公私仓廪俱丰实。

盛唐，是男人们的盛唐。唐朝经济的空前繁荣，成就了孟浩然、李白、杜甫这些官迷的漫游全国，成就了山水田园诗、边塞诗，也催生了闺怨诗。以写边塞诗著称的王昌龄，同时也是闺怨诗的高手：

闺中少妇不知愁，春日凝妆上翠楼。
忽见陌头杨柳色，悔教夫婿觅封侯。

怎么读，都感觉这首诗是王昌龄为李白夫人量身定做的。

李白和王昌龄是同时代人，也是好友。想必，李白是一定读过王昌龄的这首《闺怨》的。读过了又如何，家中的老婆，就让她等着吧，谁叫她做了我李白的老婆呢？

但其实，李白也是写闺怨诗的高手，看看他写的《春思》：

燕草如碧丝，秦桑低绿枝。
当君怀归日，是妾断肠时。
春风不相识，何事入罗帏？

作此诗时，许氏夫人应该已去世。看平时"将进酒，杯莫停"的李白，写思妇的心理多细腻。春风吹入闺房，吹动罗帏，多情的思妇，无情的春风，而那个让妾断肠的郎君，在哪里呢？

如果是许家女子读到这首诗,该怎样断肠而泣?

根据郭沫若的考证,许氏夫人死于740年。如此算来,727年李白攀上许家这门高亲,到740年许氏去世,两人共同生活了13年。两人的感情到底如何?李白在《秋于敬亭送从侄游庐山序》里说:

余小时,大人令诵《子虚赋》,私心慕之。及长,南游云梦,览七泽之壮观。酒隐安陆,蹉跎十年。

好一个"酒隐安陆,蹉跎十年"。听这口气,浪费了十年光阴哪。这十年,大诗人过得很委屈。

他从来没有想过,因为有了许家的牵线搭桥,才有了第一次的长安之行。也因为有了许氏夫人在家无怨无悔照料一双儿女,他才可以潇潇洒洒地在长安一待就是近三年。那个女人,在家里一直等着他,病了,没人管;思夫了,见不着人儿。

如果说建功立业的雄心、不断受挫的失败成就了李白,无疑,那个默默地站在他身后的宰相孙女,更是成就了李白。

李白不懂女人,李白需要女人懂他。懂李白的女人,一定不是一般的女人,许家女子,或许就为李白而生。

可李白的精神世界里,远远没有儿女情长,远远没有花前月下,他想的是,在安陆这十年还是没有半点儿功名,那以往所有的付出,终究是喝了几杯苦酒而已。所以,当其从侄要去游庐山时，李白那种艳羡、惋惜、惆怅一泻笔下：

  羡君此行，抚鹤长啸。恨丹液未就，白龙来迟，使秦人着鞭，先往桃花之水。孤负凤愿，惭归名山，终期后来，携手五岳。情以送远，诗宁阙乎？

  他遗憾没有长生不老的仙药，也没有腾云驾雾的白龙。李白一生向道，他的所谓仙药，所谓白龙，到底是什么，恐怕他自己也不知道。与宰相孙女的婚姻，或许就是他孜孜以求的人生路上的一道仙药。

  740年，许氏夫人死。李白从此不用"酒隐安陆"，也没有资格再在安陆"酒隐"下去。上门女婿做不成了，一代诗人，带着两个年幼的孩子，不知路在何方。这一年，女儿平阳12岁，儿子伯禽3岁。

  时时烂醉如泥，时时离家出走，连自己的生活都管不了的李白，能承担起培养两个孩子的重担吗？

  李白有李白的办法，他带着两个孩子，东游齐鲁。

  李白本人的身世一直是个谜。按最权威的考证，李白生于碎叶，即现在的中亚巴尔喀什湖以南。5岁时，随其父迁四川绵州彰明县青莲乡。现在，他要去投奔的，是居于山东汶水边的一个亲戚，李白称之为族叔。这关系，复杂得很，生于碎叶，却好像有无数亲戚在山东，到晚年，又在安徽当涂，在其从叔李阳冰处。李阳冰又是何许人？李阳冰是唐代著名文字学家、书法家，时任当涂县令。李白晚年居于当涂直至病逝，他的诗文也有赖于李阳冰整理而成《草堂集》十卷。李阳冰为李白诗集作序，称赞李白的诗："自三代已来，风骚之后，驰驱屈、宋，鞭挞扬、马，千载独步，唯公一人。故王公趋风，列岳结轨；群贤翕习，如鸟归凤。"

李白的叔叔数不清。湖北和山东，成为李白生命的两个重要驿站。

按郭沫若的考证，从740年许氏夫人死到李白从长安回来，至汴州与宗氏夫人相结合，只有短短的四年时间。而就是这短短的四年，大知识分子李白也没闲着，先后"合于刘，刘诀。次合于鲁一妇人"（魏颢《李翰林集序》）。

不是忙着办离婚多买套房子，也不是因为要始乱终弃娶"小三"，更不可能被逼婚，以李白的风流文采，身边当不缺集才华与美貌于一身的女子，但李白硬是在四年时间里与这两个普普通通的女子扯上了关系。大诗人的爱情很是让人拍案惊奇。唯一的解释是，李白急需找一个保姆，去照顾他的两个孩子。而他，时刻在等待机会，等待那无法预测的命运转折点，等待那有朝一日大鹏展翅的机会。

机会终于来了！742年8月，唐玄宗下诏，召李白入京。

幸福来得太突然了！

从725年辞亲远游，到742年被召入京，整整17年，李白日里夜里想的就是这一件事情，所作所为也全是为了这一件事情。从青春年少到"白发三千丈",因它而"长相思,摧心肝",因它而"停杯投箸不能食",因它而"沉吟此事泪满衣",因它而"平生不下泪,于此泣无穷"。当这一天突然到来,17年的期盼、委屈、忧愁、愤懑,化作那喷薄而出的一首《南陵别儿童入京》,李白的任何一首诗,都没有这一首这样痛快淋漓:

　　白酒新熟山中归,黄鸡啄黍秋正肥。
　　呼童烹鸡酌白酒,儿女嬉笑牵人衣。
　　高歌取醉欲自慰,起舞落日争光辉。
　　游说万乘苦不早,着鞭跨马涉远道。
　　会稽愚妇轻买臣,余亦辞家西入秦。
　　仰天大笑出门去,我辈岂是蓬蒿人。

长安啊长安,我李白又来了!

05

或许，宰相家的女子，心里都住着一个英雄，如果自己不能开成一朵娇艳的花，那么，就让内心里永驻着一个英雄王子的梦。

742年，李白应诏入京。临走时，他写了《南陵别儿童入京》，狠狠地讽刺了一把那个搭伙做饭的"会稽愚妇"。

都说出来混总是要还的，李白在长安的好日子不长，744年春，李白被唐玄宗"诏许还山"，赐金放还，又灰溜溜地回来了。

当然，李白自己不认为是灰溜溜地回，李白的崇拜者也不认为，包括我。可事实上就是这样的，因为，长安他待不下去了。叫杨国忠给他磨墨，叫高力士给他脱鞋，人家不干了。李白先生不止一次吃过权贵的亏。可酒杯一端，又什么都忘记了。天才是从来不长记性的。

权贵给你使绊子了，诗人就是狗屁。三岁小孩都明白的道理，一般来说天才都不明白。

满满算来，李白在长安扎扎实实风风光光地过了两年"天子呼来不上船，自称臣是酒中仙"的日子。

当然，长安那鸟笼子，也装不下李白。李白一心瞄准的是"宰辅之臣"，而唐玄宗，只是把他作为文学侍从，简单地说，就是享乐的工具。其间留下了很多佳话，是作为浪漫主义诗人的李白给唐王朝，也是给中华文明留下的瑰丽一笔。

没有得到唐玄宗的重用，是李白的不幸，又何尝不是李白的大幸？天才不容于任何一个体制，天才也不容于任何世俗的生活。可以说，正在走向衰落的唐王朝，给了呵护天才一个最好的环境。被赐金还乡已是唐玄宗对大知识分子李白的最大优待了，也给了李白最体面的回乡借口。

于是，大诗人李白，一路喝着酒从长安回来了。不是衣锦还乡，胜似衣锦还乡。

也不是还乡。走一程算一程，除了长安，李白从来不知道他的下一站是在哪里。

这时，另一个同样出身于宰相家庭的女子，正在李白去往喝酒的路上等着他。风流人自有风流福，天才的成长路上，总有那佳人，担负起呵护天才的重任。

或许，宰相家的女子，心里都住着一个英雄，如果自己不能开成一朵娇艳的花，那么，就让内心里永驻着一个英雄王子的梦。没有谁，比李白更适合做那英雄。天才都是异类，而站在李白身后的两位宰相家的女人，成就了多姿多彩的李白。

这个女子，是唐朝曾经三度为相的宗楚客的孙女。

宗楚客，武则天姑母的儿子。宗楚客的哥哥叫宗秦客，弟弟叫宗晋卿，在唐代，宗氏三兄弟都是只手遮天的人物。685年，宗秦客暗中劝武则天改制称帝，事发后，三兄弟一起被流放岭南。岁余，召还。697年，宗楚客升任宰相。因与武懿宗不和，又被贬为播州司马。但牛皮哄哄的宗楚客，在704年（长安四年）时又混到了宰相的位子，唐中宗时，官至中书令。宗楚客三度为相，溜须之术肯定是娘肚子里带来的。他先是依附武则天的侄子武三思。武三思死后，宗楚客马上依附上了专权的韦皇后。710年，唐中宗李显暴卒，韦后为皇太后摄政，宗楚客又学他哥哥宗秦客的做法，劝韦氏沿用武则天的惯例，登基称帝。711年，李隆基，即后来的唐玄宗，与武则天的女儿太平公主联手发动政变，废韦氏，宗楚客这次未能幸免了。

阿谀和见风使舵是一些人天生的本事，是一般人学不来的特异功能。宗楚客就有这样的特异功能。《旧唐书》载："宗楚客，系武则天从子，伟岸白净，明达聪慧。"更可怕的是，此人的诗还写得不错。宗楚客是典型的"骑着驴子思骏马，官居宰相望王侯"，《新唐书》记录了宗楚客赤裸裸的内心独白：

始，吾在卑位，尤爱宰相；及居之，又思天子，南面一日足矣。

典型的有文化的流氓。这样的人，泡女人必害女人，当官必害国家。

据郭沫若的推算，李白是在长安"赐金还乡"的当年，与臭名昭著的宗楚客的孙女结婚。这样算来，应该是在744年至745年之间。李白饱读诗书，时刻关心政治，不可能不知道宗楚客的人品。有趣的是，745年，李白南游吴越，写了著名的《梦游天姥吟留别》，在描绘一幅又一幅瑰丽变幻的奇景后，李白感叹，"世间行乐亦如此，古来万事东流水"。多么深刻的人生感悟，对人生的几多失意无限感慨都随那东流之水而去，唯有及时行乐才是最快意的。

最后还有两句神来之笔："安能摧眉折腰事权贵，使我不得开心颜。"

李白说，我怎么能"摧眉折腰事权贵"呢？后来的很多诗人或写过几句诗或长得有点儿像诗人的人，都喜欢说这句话，但真折起腰来，比谁都快，恨不得五体投地，再把身子低到尘埃里去。

李白的很多话，真的信他就假了。李白之所以是李白，就是他和常人不一样！永远壮志未酬，永远悲情满怀，永远愤世嫉俗，他是个狂傲的儒生，天真的诗人，迷茫的理想主义者。现在也有很多"李白"。现在的很多李白们，狂傲但缺少天真，愤世却不懂得悲悯，但现在的李白们，都比李白混得如鱼得水。

李白刚刚还耻于"摧眉折腰"，转眼又被爱情撞了一下腰，和大奸臣宰相的孙女结婚了。当然，不能因为爷爷是大奸臣，就不能容许孙女风花雪月无可救药地爱上写诗的李白。这里还有一个更实质更原则的问题，不在于宗氏，而在于李白对于声名狼藉的宗楚客的态度。李白和宗氏结婚后，有好几首诗吹嘘宗氏祖父辈那段显赫的历史。最让后人脸红而李白一点儿也不脸红且作为吹嘘骄傲资本的是《自代内赠》里的几句：

妾家三作相，失势去西秦。
犹有旧歌管，凄清闻四邻。

当"倒插门"女婿，不在乎；当千古奸臣家的"倒插门"女婿，还是不在乎，还引以为荣！这事只有李白这种"安能摧眉折腰事权贵"的诗人做得出来，即使在风气开化的唐朝，也没有几个能像李白做得这样行云流水一气呵成。也许，这是宗氏的爱情融化了李白，但综合李白的性格，其目的性也显而易见。

鲁迅先生写《拿来主义》时，有一段很精彩的文字："譬如罢，我们之中的一个穷青年，因为祖上的阴功（姑且让我这么说说罢），得了一所大宅子，且不问他是骗来的，抢来的，或合法继承的，或是做了女婿换来的，那么，怎么办呢？我想，首先是不管三七二十一，'拿来'！"

鲁迅写的是不是李白呢？

这个"仰天大笑出门去，我悲岂是蓬蒿人"的李白，如果隔着一千多年的时空，与鲁迅遥遥对望，洞明世事如鲁迅者，也未必能读懂他。

　　有时，李白自己也不能读懂自己。

06 宗小姐一定相信，真正幸福的爱情，就是一次仰望，一次懂得，就是在世俗的尘埃里，开出娇艳又骄傲的花来。

鲁迅所指"做了女婿换来的"，是民国有名的新月派诗人、翻译界公认的一流翻译家邵洵美。可怜邵洵美，一个富家公子，坐拥家产千万，与其表姐盛佩玉青梅竹马，情投意合，但就是这样，还被鲁迅狠狠打成了"落水狗"。这还不解恨。除了众所周知的《拿来主义》，在《登龙术拾遗》中，鲁迅骂得更痛快："穷小子想爬上文坛去，有时虽然会侥幸，终究是很费力气的；做些随笔或茶话之类，或许也能够捞几文钱，但究竟随人俯仰。最好是有富岳家，有阔太太，用陪嫁钱，作文学资本，笑骂随他笑骂，恶作我自印之……但一登文坛，即身价十倍，太太也就高兴。不至于自打麻将，连眼梢也一动不动了，这就是交相为用。"

不就是娶了个有钱的老婆嘛，用得着鲁迅先生这样频繁发力痛打"落水狗"？当然，这邵先生也是该骂，在此之前，他是很不聪明地动了鲁迅的虎须的。

假如鲁迅生在李白时代,或者说,假如李白生在鲁迅的时代,依李白的狂傲,依鲁迅的看不起人,那是一定要做出不朽的锦绣文章出来的。

邵洵美与盛小姐,是真正有爱情的。李白与宗小姐,也是有爱情的。

这一场才子佳人的爱情,先从李白的《梁园吟》说起。

744年,李白"赐金还乡",5月,游山玩水到了洛阳,在这里与杜甫相遇。这一年,李白44岁,杜甫32岁。到汴州,又与高适相遇。想起来,那时交通很不方便,估计酒店也不多,也不能吃到哪里喝到哪里,可唐朝的诗人们,一个个饿着肚子有事没事都在路上跑。

不妨想象这样一番美妙的景象:那广袤的帝国大地上,一个又一个诗人在奔走。走着走着,一个说:"啊,你就是子美。"一个说:"啊,你是号称'谪仙人'的李白,早就听说你的诗名了。"于是两人就像现在互加微信一样交换诗作,于是相约逛名山游大川,于是分手的时候,还有依依不舍的送别诗,将黄河的水,将河边那柳,将天边那云,都写成千古流传的佳句。

挺美的事!再也不会有这么美妙的事了!

三人当下约定,一起游商丘梁园。

梁园有点儿名气,是西汉梁孝王刘武所建的一所皇家园林。三个落魄的诗人,在梁园乱涂乱画留下了一点儿文化遗产。李氏"牛皮癣"的最后几句少不了"李白精神":

梁王宫阙今安在？枚马先归不相待。
舞影歌声散绿池，空余汴水东流海。
沉吟此事泪满衣，黄金买醉未能归。
连呼五白行六博，分曹赌酒酣驰晖。
歌且谣，意方远。
东山高卧时起来，欲济苍生未应晚。

这首诗没有"长江之水天上来"那样让人热血沸腾，也没有"床前明月光"那样妇孺皆知。稍微解释一下"枚马先归不相待"。枚马者，汉代辞赋家枚乘和司马相如也。西汉时，梁园是枚乘、司马相如等为代表的西汉梁园文学主阵地。风流的司马相如，更是在此留下千古名句"梁园虽好，不是久恋之家"。"梁王宫阙今安在？枚马先归不相待"，意思就是当时豪奢的梁园宫阙早已不复存在，当时风流倜傥的枚乘、司马相如哪去了呢？

你们都哪去了呢？我李白来了哟。

来了又有什么用，只看到"舞影歌声散绿池，空余汴水东流海"。相较于《将进酒》的"与尔同消万古愁"，李白一曲《梁园吟》，多少疲惫、沧桑、失意、绝望铺天盖地而来。从《蜀道难》到《行路难》，从《行路难》到《将进酒》，从《将进酒》到《梁园吟》，李白用汪洋恣肆的文字，构建了一个失意又狂放、狂放又苦闷的形象。愈狂放愈痛苦，愈痛苦，诗意愈波涛汹涌。

颇有陈子昂的"前不见古人,后不见来者,念天地之悠悠,独怆然而涕下"之意。如果没有两度长安的失意,会有一个这样的李白吗?

这样的李白,大概正是宰相的孙女苦苦等候着的李白。给英雄疗伤,给美人献诗,从来都是最高级的爱情。

据说当年,李白在梁园的墨宝是写在墙上的,属于典型的在文物古迹上乱涂乱画。一面粉刷一新的墙被李白糟蹋了,管园的僧人非常气愤,正要涂掉,被路过的宗小姐发现了,马上喝止:粉壁不值分文,题了这首诗,就价值连城了,我一千两银子买了这堵墙。

这就是历史上有名的"千金买壁"的故事。这样的故事,只有李白消受得起。

估计很多写过几行诗的人也做过"千金买壁"的梦,只是,梦醒来,哟嗬,身边的黄脸婆在打呼噜呢。多做几次这样的梦就明白了,普通人的爱情大多平淡无奇,"老婆孩子热炕头"是平民百姓对爱情最幸福的解释。"嫁鸡随鸡,嫁狗随狗,嫁个扁担抱着走",更是随遇而安的幸福爱情。

如果李白的爱情也是这样,李白就"泯然众人矣"。李白的爱情值千金。准确点儿说,是宗小姐的爱情值千金。宗小姐这样的爱情故事,一代一代流传下来,穷人家的普通女子信了,最多落得个传宗接代的结果。可如果是张爱玲一样的女子信了,就成了传奇。

1944年,24岁的上海滩才女张爱玲,遇到了比她大15

岁、有妻室，且与汪伪政权有千丝万缕联系的胡兰成。高傲的张爱玲，"见了他，她变得很低很低，低到尘埃里，但她的心底是欢喜的，从欢喜里开出花来"。这大抵就是普通人所不敢想的爱情。

张爱玲，中的应该是宰相孙女那爱情的毒。反过来，用张爱玲的故事，来解释两个宰相孙女对李白的爱情，当是最合适的。

商丘有民谣："今人难娶宗氏女，除非神仙下凡来。"宰相家的宗小姐，不知是否"从欢喜里开出花来"，但是，宗小姐一定相信，真正幸福的爱情，就是一次仰望，一次懂得，就是在世俗的尘埃里，开出娇艳又骄傲的花来。

727年到740年，李白的爱情在安陆，但是李白说"酒隐安陆，蹉跎十年"。

744年到757年，李白有一段光辉的历史，就是加入永王幕府，然后很快被捕。被捕前，李白的爱情在梁园。可是李白说"一朝去京阙，十载客梁园"。明明白白，李白说，我离开长安以后啊，在梁园客居了十年。在李白心里，梁园也不是他的家。还是司马相如那句话："梁园虽好，不是久恋之家。"

看来，宗小姐的爱情也留不住李白。

宗小姐和许小姐一样不明白，李白的爱情在长安。

一次次失败的政治活动都在长安，可是，让李白"心底里开出花来"的，也是在长安。每次听说有人去长安，他心里的小虫子就开始痒起来了,这种痛苦的煎熬比爱情的相思更可怕。在李白的诗里,李白不是为爱情而生的男人,而是为政治而生的男人。在《金乡送韦八之西京》里,李白这样写:

客自长安来,还归长安去。
狂风吹我心,西挂咸阳树。
此情不可道,此别何时遇。
望望不见君,连山起烟雾。

听说友人韦八要去长安,李白说,狂风吹飞我的心,随风西去,高挂在咸阳树上,陪伴你。与其说,这是对友人的依依不舍,不如说,这是赤裸裸的政治表白,就是高挂在咸阳树上,也要日夜守护着他的长安。

谁说这不是一首火辣辣的爱情诗呢?

现有的记载里,没有显示宗氏为李白生过一男半女。像李白这样诗酒风流、感情丰富、率性而为、享受人生的浪漫诗人,和宗氏在一起也达十多年之久,虽算不上神仙眷侣,却也情投意合。宗小姐和李白一样,热衷于学道。学道与从政,出世与入世,也正好贯穿李白一生。他的每一次出游,每一次干谒,每一次仰天大笑,每一次气冲霄汉,都离不开他矛盾的性格。这就不难解释,李白为什么一辈子总在出游的路上。因为他要学道,要结交权贵求得大鹏展翅。同样,也不难解释，为什么在第一次做了宰相家的上门女婿后，李白再一次选择了相门家的女子，甚至于丝毫不顾宗楚客的声名狼藉。李白是个投机主义者，一方面，他看中了宗家显赫的历史，那颗快要死寂的建功立业之心又被点燃起来了。李白又是个浪漫多情之人，他也无法忽视宗小姐的才学与向道之心。

李白的爱情也在路上。747年，李白第三次来到金陵。751年，开始幽州之行。753年，第三次到长安。756年，居庐山，避"安史之乱"。757年，加入永王李璘的幕府。后永王兵败被捕，李白被流放夜郎。

李白像行走在大唐帝国的一个革命党人。

他忙得没有时间，和宗氏补上一场恋爱。

三

戴天山的那个道士

07

李白早期的清新明快与工笔细绘,在后期趋向于大写意、大开合、大悲悯、大孤独。而其空灵之境则随着人生的"不遇"而日入化境,烟火愈来愈少,仙气愈来愈多。

除了对功名的追求,学道也影响了李白的一生,包括他的爱情。

年轻时候的李白,对学道无限热衷,更多是因为他所受的文化的影响。蜀地道教气氛浓郁,李白早年在蜀地游历时,写过一首《访戴天山道士不遇》:

犬吠水声中,桃花带露浓。
树深时见鹿,溪午不闻钟。
野竹分青霭,飞泉挂碧峰。
无人知所去,愁倚两三松。

李白十八九岁时,曾隐居戴天山。戴天山位于今天的四川省江油市。十八九岁的愣头青,人情世故什么都不懂,可李白已经在像模像样地玩隐居了。细究起来，无外乎两种解释。一是文化使然，地域文化影响人的一辈子，唐时的四川，求道之风盛行。一是功名心使然，李白太想出人头地，在十八九岁时就开始尝试隐居而求仕了。如果说前者是一种文化风气，后者则更是一种政治风气。于李白而言，两者兼而有之。可以说，《访戴天山道士不遇》，也为他后来与宗氏的结合埋下了伏笔。

李白留下的近千首诗作里，出蜀前留下的极少。多种版本的李白诗选，都将《访戴天山道士不遇》作为李白诗歌的第一首，可见选家们都注意到，这首诗在李白诗歌及李白一生中的重要地位。细究这首诗，会发现很多有意思的东西。

首先，这是一首山水诗。在大唐朝，要说单纯写山水诗，李白不一定玩得过王维和孟浩然。王维讲究"诗中有画，画中有诗"，要论诗从画里出来，李白的"犬吠水声中，桃花带露浓"虽比不上王维的"明月松间照，清泉石上流"的清幽意境，但却是一个十八九岁的"小鲜肉"最应有的诗境。少年李白在大明寺中读书，这种清新如少女之明眸善睐，工笔描绘之细密则如少女之心思。这在李白后期的诗歌里是较少见到的。李白后期的山水诗，更多的是"飞流直下三千尺，疑是银河落九天"的大写意，而不是浅吟低唱。相反，他的那种细密的情思、婉转的情致，在他很多写女性的诗歌里俯拾皆是。看他的一首《春怨》：

去年何时君别妾，南园绿草飞蝴蝶。
今岁何时妾忆君，西山白雪暗晴云。
玉关去此三千里，欲寄音书那可闻。

此诗写于李白在长安春风得意之时，是李白人生的鼎盛时期，心思细密如此令人惊异。李白是一个典型的感官主义者，在他的诗歌里，爱情诗占很大比重，可他到底用过多少笔墨，像醉心于情人裸体的画家一样，将情意绵绵的诗歌献给他的妻子？

其次，这是一首禅意诗。"树深时见鹿，溪午不闻钟""无人知所去，愁倚两三松"和王维的"空山不见人，但闻人语响"如出一辙甚至胜之。"但闻人语响"于红尘世界尚有所求有所希冀，而"愁倚两三松"则是惆怅至极。如果说，这种惆怅，于一个十八九岁的少年来说，只是一种深深的失望，那么，多少年后，对于经历过人世沧桑与仕途失意的李白来说，则更是一种冥冥中的暗示。当他历经两次"倒插门"，感叹行路难，"且放白鹿青崖间"时，再回首来读这首诗，一定有过深深的唏嘘。

正如我们所读到的，李白早期的清新明快与工笔细绘，在后期趋向于大写意、大开合、大悲悯、大孤独。而其空灵之境则随着人生的"不遇"而日入化境，烟火愈来愈少，仙气愈来愈多。读完其《访戴天山道士不遇》，再读其《秋浦歌》第十七首：

桃波一步地，了了语声闻。

黯与山僧别，低头礼白云。

《访戴天山道士不遇》是李白20岁以前的作品。《秋浦歌》则大约写于753年，这时，李白离开长安也已十多个年头。好个"低头礼白云"，相比于其古风，李白的这些五言绝句，意短而情长，禅意深厚，而更添少年时期没有的无尽的沧桑寂寞。

正因为如此，当遇到同样热衷于学道而又倾心于他的宗小姐时，李白当是飞蛾一样，毫不犹豫地扑过去了。"且放白鹿青崖间，须行即骑访名山"，人生难得有一知己，我们且一起访名山学道去吧。除了对宗氏宰相孙女身份的想入非非，李白当时一定也这样想过，人生啊，不如破罐子破摔了，不能建功立业，难道还不能和心爱的人一起寻访名山大川，做快活神仙吗？

和许氏相比，李白和宗氏应该有更多的共同语言，谈道论世，琴瑟和弦，爱情不止肉体的吸引，更多的是，能找一个能听对方絮絮叨叨地讲梦话的人，如果两个人能在心灵深处一起发烧害神经病，则达到大境界。

可后来的事实证明，更多的时候，李白是自己一个人害神经病。

天才都是要一个人害神经病的。

有一个天才，8岁的时候就写过一首这样的诗，诗的题目叫《杨树》：

我失去了一只臂膀
就睁开了一只眼睛

这个诗人叫顾城，这首诗据说写于 1964 年。当年，顾城 8 岁。

如此看来，李白还远远没有顾城有天赋。他只怕不会明白，为什么失去了一只臂膀，就睁开了一只眼睛呢？戴天山那个道士，没见到就没见到，何来之愁？愁又何用？不如归去。

 李白一生都无法成为名士,他一直是一个斗士!斗士的境界追求"遇",而名士的境界是追求"不遇"。

其实,不遇戴天山之道士,于李白而言,恐怕正是人生之一大"遇"。

"不遇"是禅,也是美。我们的生活里有很多很多这样的经历,刻意求之而不得,无意为之而屡成。戴天山的那个道士,或许是冥冥中对李白未来人生与爱情的一次昭示,让李白一辈子去参透。

那是一座什么样的山?那是一个什么样的道士?那样的一次"不遇",是上天的有意安排吗?

关于"不遇"之美,《世说新语》里有一段佳话是这样记载的:

王子猷居山阴,夜大雪,眠觉,开室命酌酒,四望皎然。因起彷徨,咏左思《招隐》诗,忽忆戴安道。时戴在郯,即便夜乘小舟就之。经宿方至,造门不前而返。人问其故,王曰:"吾本乘兴而行,兴尽而返,何必见戴!"

王子猷即王徽之,是王羲之的第五个儿子,王献之的弟弟,也是东晋有名的书法家。戴安道是与顾恺之齐名的画家。王徽之所居之山阴,即今天的浙江绍兴。戴安道所居之剡州,即今天的浙江嵊州。两地相距几十千米,也不是很近的距离。王徽之是有趣之人,大雪之夜,要睡觉了,忽然就想要去看戴安道。看就看吧,可寒冷的大雪之夜,小船划了一整晚,总算到了戴安道家门口,王徽之却突然不进去了,还美其名曰"乘兴而行,兴尽而返"。这王徽之,脑筋有没有问题不知道,但人家是名士,高兴。在王徽之看来,一夜的舟车劳顿,正是"兴"的过程,"遇"与"不遇"都不重要,刻意"不遇",或许正免了很多客套,很多俗气。

与王徽之的刻意"不遇"相比,李白的"不遇"则更带着少年之率意与不经世事。同样是历经辛苦,一个小船跋涉,一个翻山越岭,李白也应该是很早就起来赶路了,赶到道士家门口时,"桃花带露浓",露水还没有散去,可见其早。而道士呢,一大早,人不知所去。怎么办?和王徽之一样,乘兴而行,兴尽而返?李白不是,从早上一直等到中午,而且,愁闷,坐立不安。少年李白,远远没有王徽之那样的名士风度。文如其人,个性决定人生,李白一生的悲剧,或许,正写在寻访戴天山这个道士的过程中。

事实上,李白一生都无法成为名士,他一直是一个斗士!

斗士的境界则追求"遇",而名士的境界是追求"不遇"。

与李白的这首"不遇"诗相比,唐朝另一位著名诗人的"不遇"诗可能流传得更广,这就是贾岛的《寻隐者不遇》:

松下问童子,言师采药去。
只在此山中,云深不知处。

同是不遇,同是惆怅,贾岛这首诗有了更多的淡然与悠然。"只在此山中,云深不知处",这是隐者的世界,更是贾岛自身所向往的人生境界。而少年李白,对着那不可知的未来,更多的,是焦灼和不安。

从宿命的观点出发,"遇"与"不遇",都是上天的安排。

1921年,青年才俊徐志摩康桥留学。除了《再别康桥》那"我挥一挥衣袖,不带走一片云彩"外,还有"我将于茫茫人海中访我唯一灵魂之伴侣,得之我幸,不得我命"之誓言。在他追寻爱情的过程中,有了很多"遇"与"不遇",在一个个"遇"与"不遇"中,他成就了自己,也毁灭了自己。

1979年,天才顾城和一个叫谢烨的女子,在一辆绿皮火车上相遇了。童话诗人顾城记下了这样的文字:"我画了你身边的每一个人,但却没有画你。我觉得你亮得耀眼,使我的目光无法停留。你对人笑,说上海话,我感到你身边的人全是你的亲人，你的妹妹，你的姥姥或者哥哥，我弄不清楚。"这样的文字，谢烨想必心都醉了、酥了，可最终却是碎了。1993年，新西兰激流岛上，柔弱的诗人高高地举起了千钧重的斧头，全世界的童话一下子都变了颜色。

《红楼梦》里，曹雪芹让弱不禁风、动不动耍耍小姐脾气的林黛玉"遇"上了贾宝玉，又让识大体、顾大局、体贴人的薛宝钗也"遇"上了贾宝玉。可贾宝玉喜欢的就是林黛玉啊。《红楼梦》第32回，史湘云劝贾宝玉讲些仕途经济的学问，也好将来应酬世务，宝玉却说："林姑娘从来说过这些混账话不曾？若他也说过这些混账话，我早和他生分了。"贾宝玉喜欢的就是林黛玉不说这样的混账话。林黛玉听了宝玉这话呢，眼泪又来了：

不觉又喜又惊，又悲又叹。所喜者，果然自己眼力不错，素日认他是个知己，果然是个知己；所惊者，他在人前一片私心称扬于我，其亲热厚密，竟不避嫌疑；所叹者，你既为我之知己，自然我亦可为你之知己矣，既你我为知己，则又何必有金玉之论哉；既有金玉之论，亦该你我有之，则又何必来一宝钗哉！所悲者，父母早逝，虽有铭心刻骨之言，无人为我主张。

每次看到此处，必拍案。既已修得人生之"遇"，奈何又有金玉之论；既有金玉之论，亦该你我有之，则又何必来一宝钗哉！不遇也罢。

人生和爱情，都在"遇"和"不遇"之间。遇，是缘；不遇，是命。无论最终指向什么，都是人生。

"遇"与"不遇"，是春天里最先开放的那一朵花，是冬日里的那一抹暖阳。戴天山的那个道士，给少年李白上的是一场爱情课，一场人生课。

"不遇"，也是美。可孜孜学道的李白一生都没有参透。

四

秋浦之愁

 李白无时不在调动全身礼赞生命,享受生命。想方设法积极入世是对生命的高度礼赞,而游名山大川高调隐居是享受生命的极致,两者既矛盾又统一。

从"遇"与"不遇"来看李白与许氏、宗氏的爱情,就少了很多刻意,多了很多情投意合;少了世俗的污浊,多了爱情的美好。这样,或许正符合爱情的本质。

似乎也更应该这样去理解李白,去理解李白的爱情。

李白是人生的大舞蹈者,自由由地来,活泼泼地走,其放纵的感情更多地寄情于山水,虽为及时行乐者,但对夫妻之情,却少有寄托。许氏夫人给他生了两个孩子,空留遗恨而去。或许是人到中年,有了对家的更多依恋,李白在后期的诗歌里,有了更多的情意绵绵。最有代表性的莫过于《自代内赠》和《秋浦寄内》。这两首诗都作于李白漫游秋浦时。这两首诗的"内",都是宗氏夫人。

读了李白太多的慷慨悲歌,细细品味他的《自代内赠》,会别有一番韵味在心头:

宝刀截流水，无有断绝时。
妾意逐君行，缠绵亦如之。
别来门前草，秋巷春转碧。
扫尽更还生，萋萋满行迹。
鸣凤始相得，雄惊雌各飞。
游云落何山？一往不见归。
估客发大楼，知君在秋浦。
梁苑空锦衾，阳台梦行雨。
妾家三作相，失势去西秦。
犹有旧歌管，凄清闻四邻。
曲度入紫云，啼无眼中人。
妾似井底桃，开花向谁笑？
君如天上月，不肯一回照。
窥镜不自识，别多憔悴深。
安得秦吉了，为人道寸心。

如果正是羁旅之人，读李白此诗，当仰天长叹。叹而有二：

一叹李白之多情。《毛诗序》有一段关于诗歌的精彩论述："诗者，志之所之也。在心为志，发言为诗。情动于中而形于言。言之不足，故嗟叹之；嗟叹之不足，故咏歌之；咏歌之不足，不如手之舞之，足之蹈之。"李白是忠实地实践这一段话的浪漫主义诗人，但这首以妻子口吻写的情诗却写得内敛、克制，然而，这平静的水面下却汹涌着波涛。此诗写于唐天宝十二年，即753年，此时诗人已53岁，经历了仕途的失意、前妻的离世，对宗氏的这份感情看得相当重。因其性格，李白在很多诗里，是表现主义者，甚至于表演主义者。但此诗缠绵悱恻，一咏三叹。到了这个年纪，表达爱情还这样浓烈，这样深情，李白是动了真感情的。或许，长年漂泊在外，事业无成，心无所依，焦虑与惆怅之外，李白对妻子有了更多的愧疚与依恋。

二叹李白之悲情。所有的悲情都是为爱情而准备的。1915年，浪漫诗人徐志摩与15岁的少女张幼仪结婚。随后，徐志摩求学、出国，结婚4年，两人在一起的日子只有4个月。在嫁入徐家后，张幼仪从仆人口中得知，徐志摩第一次看到她的照片，就鄙夷地说："乡下土包子！"1922年，两人离婚。1931年11月18日，徐志摩乘坐的飞机失事，张幼仪哭得死去活来，挽联云：

万里快鹏飞，独憾翳云遽失路；
一朝惊鹤化，我怜弱息去招魂。

一声长叹，万古悲情。爱不能简单地以道德来评判，对这一段文坛故事，谴责者有之，惋惜者有之，愤怒者有之，然而，绝少有人，对人世之爱表示由衷的赞赏与敬意。张幼仪之真情，让人动容。这就是爱。纯粹的爱，不是责任，不是同情，不是仰慕，不是施舍与托付。芸芸众生，绝大多数人都不这样认为。但至少，徐志摩是这样认为的，头破血流也好，身败名裂也好，他甚至根本没有得到世俗中的幸福，他的每一个行动，都只是孕育不幸的种子，都只是打开一扇灾难之门。

　　普希金肯定也是这样认为的。1837 年 1 月 29 日，被称为"俄罗斯诗歌的太阳"的普希金魂归天国，年仅 37 岁。普希金娶了号称莫斯科第一美女的冈察洛娃为妻。1837 年，普希金与情敌丹斯特决斗，身受重伤，不治身亡。所有舆论的口水都对准了冈察洛娃，毕竟，普希金为了这位美女，临死前还账达 12 万卢布。或许，只有普希金，才能原谅并深深地爱着这个女人。

　　那么，李白是这样认为的吗？

　　无疑，李白是一个最真我的人，比徐志摩更纯，比普希金更真。李白的真性情，不能容忍对生的熟视无睹，对死的习以为常。李白无时不在调动全身礼赞生命，享受生命。想方设法积极入世是对生命的高度礼赞，而游名山大川高调隐居是享受生命的极致，两者既矛盾又统一。

　　于爱情，于婚姻，李白也一样。人生疲惫，他希望找一个遮风挡雨的港湾，安妥那颗困惑又不安的心。宗氏是个不错的选择，既倾心向道，又倾倒于李白。天真的诗人一定想得很美满。"别来门前草，秋巷春转碧。扫尽更还生，萋萋满行迹。"

李白写这首诗时，在秋浦，而且看来已有好些个年头了。如果说，李白和许氏夫人婚后的浪迹江湖，是"男儿何不带吴钩，收取关山五十州"的豪迈与荣光，那么，和宗氏夫人结婚后的长期云游在外，到底是心中"长安梦"那不熄的熊熊火炬，还是对前路、对婚姻与家庭的无所适从甚至逃避隐遁？

秋浦今属安徽池州，李白和宗氏结婚后住在今河南商丘宋城。从现有资料看，宗氏婚后一直住在宋城，直到755年"安史之乱"爆发，才与李白一起南下避难。而李白呢，则"三上九华，五到秋浦"。李白在诗里，想象着宗氏在日夜思念着他："妾似井底桃，开花向谁笑？君如天上月，不肯一回照。"诗人想象着宗氏，把自己美好的年华，比作"井底桃"，桃花虽艳，但开在"井底"，又能得到谁的赏识和爱抚呢？自己犹如桃花，本为丈夫而开，但夫君就如天上的明月，连一次也不肯照到"井底"，照到自己身上。

李白之悲情，或者说李白之寡情，正在于此也。因为他发现，当他跌跌撞撞地再次结婚时，现实中的婚姻和爱情并不是如此美好。李白的《秋浦寄内》这首诗，或许是对《自代内赠》的最好的解释：

我今寻阳去，辞家千里余。
结荷倦水宿，却寄大雷书。
虽不同辛苦，怆离各自居。

> 我自入秋浦，三年北信疏。
> 红颜愁落尽，白发不能除。
> 有客自梁苑，手携五色鱼。
> 开鱼得锦字，归问我何如。
> 江山虽道阻，意合不为殊。

李白在诗里反复表明，我自从到了秋浦之后，三年中很少收到北方的书信，虽然路途遥远，道路阻隔，但是两颗心永远在一起。

现在我们想的是，既然如此思念，不能回去吗？什么样的路能够阻挡李白跨越千山万水的脚步？秋浦又到底是什么样的地方，值得李白如此流连？

10

太平盛世也愁,国破家亡也愁。不愁的诗人都不是好诗人。

想划一叶轻舟,去秋浦河里,邂逅李白。

应该是春天,或者夏初。碧的水,红的花,清脆的鸟鸣。船过处,划出一圈一圈的涟漪。又或,冠者五六人,童子六七人,浴乎秋浦,咏而归。

但生活远远没这么诗意。无论是豪放派的李白,还是婉约派的李清照。

1135年,53岁的李清照避难于浙江金华,也想去风景名胜区双溪春游。但这念头刚起,就被无端的愁绪生生地压了下去,一不做,二不休,干脆就给双溪写了个广告文案:

风住尘香花已尽,日晚倦梳头。物是人非事事休,欲语泪先流。

闻说双溪春尚好,也拟泛轻舟。只恐双溪舴艋舟,载不动,许多愁。

活在宋朝，且活在南宋，是李清照的幸运；正如活在唐朝，且活在盛唐，是李白的幸运。半壁江山又烽火连绵的南宋适合李清照来点儿长吁短叹，把那"愁"字，一点儿一点儿地拆开来，在清冷的黄昏，在淅沥的雨中，"寻寻觅觅，冷冷清清，凄凄惨惨戚戚"。

李清照的愁长什么样？李清照说，这愁啊，"梧桐更兼细雨，到黄昏，点点滴滴。这次第，怎一个'愁'字了得"。

李白的愁是什么样的呢？李白说，好长好长的愁啊！有多长，"白发三千丈，缘愁似个长"，就是这么长！

李白的愁是一个沉重的叹号，李清照的愁是一个无尽的省略号；李白的愁是滔滔黄河滚滚长江的前浪推后浪，看那愁，铺天盖地浩浩荡荡而来，膨大了，撕裂了，爆炸了。李清照的愁是烟雨江南的一幅淡淡水墨，看那愁，浸在宣纸上，铺展开来，无边无际。

太平盛世也愁，国破家亡也愁。不愁的诗人都不是好诗人。

李白的《秋浦歌》大约写于754年，这一年，李白55岁。当人生沧桑、岁月更迭、荣辱得失都化作那一杯浊酒时，55岁的李白和53岁的李清照，却都无法做到辛弃疾所说的"而今识尽愁滋味，欲说还休。欲说还休，却道天凉好个秋"。

李清照的愁，是流落异乡之愁，是失去爱人之愁，是亡国之愁。

李白为什么而愁？往简单里说，是吃饱了撑的。

李白先后于749年、753年、754年秋、756年秋和761年初来到秋浦，在这里写下了四十多首诗歌，光是同题《秋浦歌》，就写了17首，这也是李白诗歌中绝无仅有的。李白曾"爱其胜，欲家焉，滞留于此者三年"。从河南商丘到安徽池州，即使在今天，恐怕也不是那么方便，秋浦也并不是人间仙境，而李白诗歌里反复咏叹的那一条河流，也不过是长江的一条小支流而已。

爱一个地方，并且疯狂地生出想在那里安家的想法，这不奇怪，李白本来就四海为家。但是，四海为家并不是没有家。李白有一个年轻貌美、颇具诗才、志同道合的妻子，753年第一次上秋浦时，两人的"七年之痒"都还没过，正是"红袖添香夜读书"的大好时机。可就在这一年，李白写下了著名的《宣州谢朓楼饯别校书叔云》：

弃我去者，昨日之日不可留；
乱我心者，今日之日多烦忧。
长风万里送秋雁，对此可以酣高楼。
蓬莱文章建安骨，中间小谢又清发。
俱怀逸兴壮思飞，欲上青天览明月。
抽刀断水水更流，举杯消愁愁更愁。
人生在世不称意，明朝散发弄扁舟。

如果是一部古装大戏，宗氏夫人见了这诗一定嗲声说："老公哎（听说，在唐朝，女子称丈夫就是'老公'），愁从何来？愁欲何去？"

李白一定说："呵呵，天凉好个秋啊。"

两人的对话，明显不在同一个频道上。

在秋浦，李白似乎玩得并不那么开心。一直以梦为马的李白，突然在秋浦这条小河里长吁短叹，那些伤感的歌谣，在一次次醉酒之后迸发而出，晚境的凄凉、孤独也迸发而出。其脍炙人口的"白发三千丈，缘愁似个长。不知明镜里，何处得秋霜"，就出自《秋浦歌》第十五首，读来让人不无心酸。

岁月催人老，李白之愁，自然有终其一生而理想不能实现的家国之愁，以及无以言说的悲愤。

而仅有悲愤是不够的，秋浦河流淌着李白的愁，也荡涤着千年泥沙。秋浦河，总是一个谜。李白在这里，有家，不想回；思妻，不愿回。他惶惶如丧家之犬，秋浦河流淌的，远远不止是长吁短叹和无边无际的忧愁，诗人或许真的就在这里找到了他一辈子所追寻的东西。在《秋浦歌》第十六首里，我们或许可以捕捉到诗人完全不一样的心境：

秋浦田舍翁，采鱼水中宿。
妻子张白鹇，结罝映深竹。

那下水捕鱼的老汉和张网捕鸟的妻子,过着多么悠闲自在的生活。这不就是陶渊明的"种豆南山下,草盛豆苗稀。晨兴理荒秽,带月荷锄归"吗?这不就是李白一直向往的山林隐者的生活吗?

这样的生活就在眼前。

这样的生活,说到底,就是"老婆孩子热炕头"的生活。因此,除家国之愁之外,李白的秋浦之愁,是否就是向往那世俗的美好生活而不得之愁呢?

李白老了,他也渴望,牵着妻子的手,相依相偎,而孩子的欢笑声,一阵一阵传来。享受天伦之乐,人世间,还有比这更幸福的吗?

辛弃疾戎马半生,临终前尚大呼"杀贼",一生建功立业,和李白相比,可谓人生赢家。可辛弃疾晚年有一首词,却不妨和李白的《秋浦歌》第十六首对比着读:

茅檐低小,溪上青青草。醉里吴音相媚好,白发谁家翁媪?

大儿锄豆溪东,中儿正织鸡笼。最喜小儿无赖,溪头卧剥莲蓬。

多么朴素安宁的乡村生活,诗人们,不管是"不为五斗米折腰"的陶渊明,还是"金戈铁马,气吞万里如虎"的辛弃疾,都对这样的生活念念不忘。李白也一样。

从李白的诗里分析，李白不想回，不能回。无论是《自代内赠》里的"鸣凤如相得，雄惊雌各飞"，还是《秋浦感主人归燕寄内》里的"岂不恋华屋，终然谢珠帘"，都可看到李白发自内心的悲叹。

为什么"雄惊雌各飞"？不可以比翼双飞吗？作为上门女婿的个中酸楚，恐怕不是好面子的李白所愿意述说的。如果不是不久后"安史之乱"爆发，李白匆忙回家，携妻往庐山避难，不知他的浪游之路还要到何时。

而此时，李白的两个孩子呢？

如果按照郭沫若的分析，李白的女儿平阳生于728年，儿子伯禽生于737年，李白"三上九华，五到秋浦"时间是749年到761年之间，女儿大概早已嫁为人妇。可他初上秋浦时，儿子尚幼。他的儿子去哪里了呢？在东鲁。李白在《送杨燕之东鲁》一诗里写道：

二子鲁门东，别来已经年。
因君此中去，不觉泪如泉。

这就很有意思了，李白一个半老头子在秋浦河愁啊愁，宗夫人结婚后继续居梁园做宗家小姐，幼子在东鲁寄人篱下。

这过的什么日子？如果许氏夫人地下有知，非从坟墓里气活过来不可。

李白过的，一直就是这样的日子。想老婆也没用，想小孩也没用。老婆是宰相家的小姐，自己"倒插门"进去的；小孩是前妻生的，宗小姐怕是也不管的。

　　李白的天伦之乐在哪里？

　　秋浦河上流淌的忧愁，谁能读得懂？

　　又或许，男人都懂。

五

再美的爱情，不过一个『熬』字

11

整个盛唐的少女,等待的,都是这样的一个李白。这个唐朝的"网红",倜傥风流,才华横溢。

等待是爱情的命题。

湖北安陆宰相府里,一个叫许紫烟的女子体会得最深刻。她是大诗人李白的第一任妻子。

等待,是李白给妻子布置的命题诗。素材是拖儿带女,背景是冷雨敲窗,主题是相思。

我的思绪,常常飞到唐朝,面对地图上安陆那个小小的点,长久地静默。在安陆的那个宰相府里,到底曾经上演过什么样的爱情故事?这一场爱情,于李白来讲,或许是青春年少的一次先锋试验。而于紫烟,当是全心全意的一次生命之旅。

那个少女的那些爱与哀愁,翻遍历史,找不到只字片言。那个许家少女,是否愁眉紧锁,是否弱柳扶风,是否柔情蜜意与历史一起烟消云散,是否爱到极处归于平淡?

在唐朝的一百多名宰相里,宗楚客绝对是可以遗臭万年的。而许圉师,如果不是因为李白,则身后早就寂寂无名了。

许圉师于659年为相，宗楚客最早为相时，是在707年，两人当宰相的时间差不多隔了50年，他们之间没有任何交集。他们怎么也想不到，他们的孙女，先后嫁给了同一个男人。

可以断定的是，如果由他们亲自来给他们的孙女选对象，李白，绝对不会是首选之人。既然李白这么吹捧韩朝宗都没有得到一次垂青，既然李白在唐玄宗身边三年也没有得到一个施展政治抱负的机会，两位宰相，想必都无法把李白放入眼里。李白的自负甚至自恋，绝对不会进入宰相那一双慧眼。可惜的是，他们都看不到这一天。许圉师死于679年，那时，李白还没出生。宗楚客死于710年，其时李白才10岁。

如果他们还在，定会亲手毁掉这一桩婚姻。

如果是上了江苏卫视的《非诚勿扰》，就不用两位宰相来做这恶人了，许小姐和宗小姐第一时间就会把灯灭了。

但在盛唐，宰相家的女子居然给李白频频上手，一个为他生儿育女，一个为他千金买壁。

李白该庆幸，唐朝没有《非诚勿扰》。李白还该庆幸，唐朝的"网红"，有个别名叫诗人。

再回到那个许家的少女紫烟。我喜欢紫烟这个名字。

这世上，要说最懂女人的男人，当是贾宝玉了。李白不需要懂女人，他只需要女人懂他。

当天上掉下个林妹妹时，贾宝玉第一句话便是"这个妹妹，我曾见过"。这话绝不会在李白口里说出来。但从宝玉口里出来，冥冥中的因果就让人无限唏嘘。果然黛玉也在心里嘀咕："好生奇怪，倒像在哪里见过一般，何等眼熟到如此。"

一部《红楼梦》，宝黛之精彩对白如高手对决，字字句句都是情，丝丝入扣全是因果。然命运无情，宝黛爱情成为千古绝唱。宝玉说，女儿是水做的骨肉。黛玉呢，当是水中之水。这水，无论如何，只能浇灭一场爱情。

但紫烟不是。从一开始，紫烟就是以飞蛾扑火的姿态投入这一场爱。相门女子许紫烟，读的书绝不会比黛玉少，那一份矜持与诗书气度绝对不会输给黛玉，那一份忧愁与敏感，如果真有的话，和李白婚后的日子，无法想象她是怎样度过。从这个意义上来说，紫烟更像是宝钗。她知书达礼，她善解人意，她相夫教子，她勤俭持家。

还有，她在漫长的日子里，苦苦地等待。

想起苏联作家西蒙诺夫的名诗《等着我吧》。苏联卫国战争时期，这位当时的军事记者，写了传诵一时的名作《等着我吧》，无论是在战场还是在后方，都争相传抄。我最早读这首诗，尚是懵懂少年，一本《西方爱情诗选》，是在课堂上偷偷读完的，读过之后还会用笔抄下来。莱蒙托夫、叶赛宁、西蒙诺夫，这些苏联诗人闪光的名字，就是那时根植在孤独敏感的少年心里。

有一天上课,偷偷读着的正是西蒙诺夫的《等着我吧》,不知不觉,老师走到了身边,把我抽屉里的书拿出来,看了一眼,只轻轻说了一句:"没事,我也喜欢。"

一句"我也喜欢",让诗歌在我的生命里长青。过三十而立,过四十不惑,因为诗,很多孤独的、平淡的、绝望的日子,就有了一丝一丝的绿与生机盎然的梦。

这是否也是一场爱情?所有的爱,都是不管不顾深情的守候。

不妨读一读《等着我吧》的第一节:

等着我吧——我会回来的
只是你要苦苦地等待
等到那愁煞人的阴雨
勾起你的忧伤满怀
等到那大雪纷飞
等到那酷暑难挨
等到别人不再把亲人盼望
往昔的一切,一股脑儿抛开
等到那遥远的他乡
不再有家书传来
等到一起等待的人
心灰意懒——都已倦怠

为爱情而等待是美丽的。这是诗人献给苏联著名演员瓦兰金娜·斯洛娃的诗。这首诗现在读来,还让人热血沸腾。在苏联卫国战争时期,这首诗曾鼓舞无数青年投身战场,西蒙诺夫因此收到无数的信,成为一个时期的精神偶像。而这首诗所引出的爱情故事,比悲伤更悲伤。生活永远比诗歌本身更激荡人心。

许宰相的孙女紫烟一直在等待的,就是一个李白。整个盛唐的少女,等待的,都是这样的一个李白。这个唐朝的"网红",倜傥风流,才华横溢。

这等待,甜蜜又苦涩,是怀春少女对风流才子的那份羞涩与深情,还是相门女子对建功立业的那份与生俱来的理解与执着?

很多很多年后,有一个在山海关卧轨的年仅25岁的诗人,也像李白一样,想在酒馆里以诗换酒,但他没有李白这么幸运。很多人,从后来的房地产广告里记住了他的诗,"面朝大海,春暖花开",他想"从明天起,做一个幸福的人",他写了《新娘》:

过完了这个月,我们打开门
一些花开在高高的树上
一些果结在深深的地下

这个诗人叫海子。都是天才,20世纪的海子,混得比8

世纪的李白还差。

紫烟也是这么想的：过完了这个月，我们打开门，一些花开在高高的树上，一些果结在深深的地下。多美的新娘！多美的爱情！还有，多么美妙的想象。

紫烟一直在等待。过完了这个月，又过完了那个月，过完了这年，又过完了那年。

李白说，等着我吧，只是你要苦苦地等待。

紫烟不知道，关于等待，现在有一个词更形象，就是"熬"。

再美的爱情，不过一个"熬"字。

12 再美的爱情,不过一个"熬"字。熬出来的,是爱情;熬不出的,是悲情。熬出来的,是千古佳话;熬不出的,是千年一叹。

爱情常常风华正茂,婚姻常常遍体鳞伤。

在后来一个人度过的无数个日日夜夜里,许家女子有过无数次美好的回忆与深深的叹息。

如果说,"酒隐安陆"是紫烟作为相门女子对丈夫最温柔最无私的馈赠,那么,"蹉跎十年"则是最伤心最折磨的回报。浪荡子李白,在做了数年豪侠少年后,根本还来不及准备承担一个丈夫、一个上门女婿、一个父亲的责任。

自727年结婚,到730年第一次赴长安,这三年,是紫烟婚后生活最快乐最灿烂的时光。李白有《山中问答》记录这一段惬意舒适的生活:

问余何意栖碧山,笑而不答心自闲。
桃花流水窅然去,别有天地非人间。

碧山,又叫白兆山。李白与紫烟结婚后,即居于此。李白改不了他隐于山的习惯，一是性灵使然，一是隐而以求不隐使然。所以，当别人问他为什么隐居在碧山，李白笑而不答。于紫烟而言，这是人生的全新尝试。所以，她愿意跟随夫君来隐居，构石室，开山田，过着桃花源式的生活。这恐怕也是紫烟少女时代的梦想，夫唱妇随，隐于山野，读书弹琴，饮酒吟诗。如今，一千三百多年过去了，这种风流潇洒的生活也是现代人梦寐以求的，而李白轻易地做到了，身边的这个女人，虽不如金陵之妓一笑百媚生，却也红袖添香。

李白的诗里，"愁"多过"笑"。写愁好写，状笑却难，诗人骨子里，都是愿意过苦日子的。"仰天大笑出门去"是李白专利，"笑而不答心自闲"也是李白式的。"仰天大笑出门去"是入世者的豪情万丈，"笑而不答心自闲"是出世者的洒脱豁达。一个男人，一会儿"直挂云帆济沧海"，一会儿"且放白鹿青崖间"，坐过山车一样。多年前，我曾视死如归在香港海洋公园坐过山车，坐一次还行，大不了就死这一次。可有的人敢于天天坐。紫烟就是这样的勇士。

毫无疑问，紫烟已经做好了红袖添香的一切准备，每个文人的梦里，都有"绿衣捧砚催题卷，红袖添香伴读书"的美丽故事。

浪漫文人，多情公子，可李白的才气不只是这些，李白另外两个重要标签是：游侠少年，悲情旅人。李白不同于历史上任何一个诗人，而紫烟，少女时代的无数次憧憬里，和无数个对诗人崇拜的少女一样,轰轰烈烈地奔着爱情而去。

李白是无数个"这一个",紫烟却仅仅是"这一个"。

紫烟绝对没有想到,自己基本没有红袖添香的机会。她能做的,就是认认真真地生了两个孩子,还有照顾自己那个弱不禁风的小姐身子。

还有,就是等待。一次又一次地等待他远行归来,少则几月,多则几年。

关于爱,香港作家亦舒有一句赤裸裸的台词:"我需要很多很多的爱,如果没有爱,那么就要很多很多的钱。"

才女张爱玲则说:"女人要崇拜才快乐,男人要被崇拜才快乐。"

总结起来,女人的爱,要么为崇拜而爱,要么为金钱而爱。

作为宰相孙女的紫烟,不知有没有很多的钱。但至少不会像被李白嘲笑为"会稽愚妇"的鲁妇人一样,没几个钱又偏偏碰上会花钱的李白。她是有资格将李白一脚踢出门去的。

紫烟的爱,或许更多是出于崇拜。由崇拜而生的爱,可以像张爱玲一样,"低到尘埃里去",也可以像许广平与鲁迅一样,有《两地书》,爱情就好像戴上了一层护身符。这爱的坚贞,会在文字里发酵了。

紫烟当和许广平一样,由崇拜而生爱。许广平无疑是幸福的。有时候想,紫烟是像许广平一样幸福,还是像先生的原配——那个叫朱安的女子，在苦苦地等待，在熬。

那个叫朱安的女子，用鲁迅的话说，她是母亲的媳妇，是母亲送给周树人的礼物。根据周作人的回忆，鲁迅不肯吃朱安做的饭，也不穿她缝的衣服。

她怎么也等不来这一天。鲁迅与许广平生下海婴时，房东的妹妹问朱安以后怎么办，朱安说："过去大先生待我不好，我想好好地服侍他，一切顺着他，将来总会好。我好比是一只蜗牛，从墙底一点儿一点儿往上爬，爬得虽慢，总有一天会爬到墙顶的。可是，现在我没有办法了，我没有力气爬了。我待他再好，也是无用。"

我一直不相信这样一个比喻。没有文化的朱安，怎么会说出这样一个形象的比喻来，那痛到底有多深？朱安死的时候，留下遗嘱："灵柩回南，葬在大先生旁。"

这遗嘱，显然是不能实现的。至死，这个女人也没有熬出来。

每每夜深，读着这些故事，心里的冷，便弥漫全身。

再美的爱情，不过一个"熬"字。熬出来的，是爱情；熬不出的，是悲情。熬出来的，是千古佳话；熬不出的，是千年一叹。

婚后的紫烟一定慢慢懂得，再美的爱情，也逃不过一个"熬"字。但紫烟一定不知道，她和李白的爱情，既是千古佳话，也是千年一叹。

13年的时间，不过几年的相聚，紫烟最终也等不来李白的"长相守"。我们常常不相信爱情,但很多时候,爱情就是一个念想,一场相思,就精神意义而言,这一点一滴的念想,这一寸一寸的相思,或许比"执子之手,与子偕老"更浪漫,更热烈。

紫烟也是这么想的,从嫁给诗人李白的那一天起,她就做好了这样的准备。

从这个意义上来说,紫烟的幸福很深很深,李白在诗里,给了她一生丰美娇艳的爱情。

李白的《寄远十二首》里的每一个字,都是她在无数个漫漫长夜里反复抚摸过的文字。或许有时,这些文字,在深夜里闪亮的不是爱情的火焰,而只是冷冷的光芒。但在紫烟的反复抚摩之下,一点儿一点儿地升上来的,一定是爱情的温度。

《寄远十二首》是李白与紫烟婚后不久出外游历江汉时所作。一直以为,李白不懂得爱情,但《寄远十二首》却情意缠绵,且看其中的第十一首:

本作一行书,殷勤道相忆。
一行复一行,满纸情何极。
瑶台有黄鹤,为报青楼人。
朱颜凋落尽,白发一何新。
自知未应还,离居经三春。
桃李今若为,当窗发光彩。

莫使香风飘，留与红芳待。

　　李白说，本来我只想写一封短信表达对你的相思之情，可一写起来就停不下来，一行接着一行，纸短情长啊，无法诉说我的思念之情，只希望黄鹤将我的思念捎给你了。

　　最值得玩味的是后面四句："桃李今若为，当窗发光彩。莫使香风飘，留与红芳待。"李白远游三年了，他的想象中，妻子一定还像当窗的桃李那样光艳美丽，他还希望妻子善待自己珍爱青春，把自己弄得漂漂亮亮的，等待团聚之时。

　　每个奔波在外的男人都会是这样想的，让妻子收拾妥当，就等着自己回来宠幸。只是，李白更可爱一点儿。想来，紫烟虽无西施之貌，但在诗人笔下，毫无疑问美丽贤淑。李白长期漂泊在外，也见识美女无数，在唐朝那种文化下，一定也用下半身写过很多美妙的诗歌。可他在诗歌的最后，还忘不了轻快地说一句：你打扮得漂漂亮亮的哦，等着我回来吧，亲爱的。

　　他不知道，家里的老婆，一年一年、一日一日、一分钟一分钟地熬，已经是黄脸婆了。

　　那么，李白对紫烟的爱，到底有多深？剔除漂泊在外的孤苦无依，剔除抱住宰相大腿的嫌疑，13年的婚姻生活，全部加到一起大约6年的相处，李白对紫烟的爱，是"桃花潭水深千尺"还是"飞流直下三千尺"？

　　换成连续剧的剧情，只怕紫烟在临终前，一定想要问的问题是："你爱我吗？"

六

昨夜星辰昨夜风

13

其实不管是反目成仇还是成为一辈子的神仙眷侣，只要是爱，就一定是深深地影响对方，就一定是心甘情愿地为对方付出，哪怕是痛苦的煎熬，却甘之如饴。

那个叫紫烟的宰相的孙女，临终前，除了舍不得两个年幼的孩子，对游荡子李白，一定还会有一问："你爱我吗？"

这个问题，晚于李白一百多年的李商隐替李白回答了。李商隐是这样回答的：

昨夜星辰昨夜风，画楼西畔桂堂东。
身无彩凤双飞翼，心有灵犀一点通。

李商隐写的古代朦胧诗，意思再明白不过了，爱，就是心有灵犀。我一个眼神，你羞涩而笑。你一个眼神，我幸福地傻笑。

文人多情，作为浪漫主义诗人的李白，在婚前当有过无数次对爱情的憧憬,对婚姻的幻想。当他准备做上门女婿的那一天起,恐怕很难说爱情之神在召唤他。他在为自己的人生下一个赌注。有些人,宁愿娶得美人归,而舍弃了大好前程,甚而至于江山。作为政治人的李白,胸中有诗书万卷,雄兵百万,极力渴望进入上层,一展平生抱负。作为诗人的李白,更希望他的妻子就是那"巧笑倩兮,美目盼兮"的新娘,她懂他,支持他,能够读懂彼此眼光里的火焰与忧伤。

李白与许氏夫人结婚的第三年,发生了一件李白冲撞当地长官的事件。后来,李白写了《与安州李长史书》。这封信里,李白极尽贬低自己之能事。这三年,虽然有岳父的到处引荐,虽然有许氏夫人的百般体贴,但李长史事件,应该像一记无情的鞭子,抽打在李白高傲的灵魂上,令他不得不低头。

没有人可以庇护他,当他被欺侮受嘲笑时,当一个诗人高贵的灵魂被权力的鞭子抽打时,当他以自我贬低的手段将自己降到世俗的尘埃之下时,许家小姐那女性的胸怀,不知是否能温暖他受伤的心。他就像一只受伤的麻雀,在小姐家的花园里,以无助的眼神,等待着美丽小姐的施救。

我相信就是这样的。诗人的心是敏感的,作为上门女婿的身份也是敏感而卑怯的。李白,很多时候,不是那个"仰天大笑出门去"的李白。

这是一个巨大的阴影。深深的长长的寂寞与不得志,被压抑,被揉捏,找不到一个出口,终其一生,都是如此。

李白的一生，都是安排好了的。就像731年第一次游长安归来，写了著名的《行路难》，"大道如青天，我独不得出"。

几多沉重，几多孤独，几多无奈。这些，他找不到人去诉说。酒肉之徒听不懂，知己之人生无多，而所谓爱人——有多少爱情，是因懂得才爱，是因为爱才懂得？

大汉奸胡兰成和张爱玲相识后不久，胡兰成送给张爱玲八个字：因为相知，所以懂得。张爱玲何等聪明之人，即回赠了胡兰成八个字：因为懂得，所以慈悲。这两个人，用另一种方式诠释了李商隐的"身无彩凤双飞翼，心有灵犀一点通"。

这大概是世上最惺惺相惜的爱情了。

受伤的李白，在深夜醉酒而归时，许氏夫人会是怎样去懂得一个受伤的他？

浪荡子李白，云游归来时，会是怎样去懂得一个独守空房的妻子？

也许，懂得就是不需要互相迁就。

胡兰成不是一个忠诚的爱人，却一语道破了爱的真谛，爱就是懂，我懂得你，你亦懂得我，有了懂得，就有了人生的默契和生命的相依。

张爱玲又是何等聪明之人，只有她才深深地知道，她爱着的胡兰成是个什么样的人。因为懂得，所以慈悲，在她那里，慈悲是爱的境界。因为这样一个男子的懂得，旷世才女张爱玲，付出自己的一生，成就倾城之恋。这样的一个男子，一举手一投足一个默默的眼神，走进了她孤独寂寞的心，那头低到尘埃里去，那心里却开出花来。

这不是常人的爱情。常常想，再不济，李白也该有一段这样的爱情。我们常常不知道什么是爱的真谛，常常苦苦追寻着爱，其实不管是反目成仇还是成为一辈子的神仙眷侣，只要是爱，就一定是深深地影响对方，就一定是心甘情愿地为对方付出，哪怕是痛苦的煎熬，却甘之如饴。爱情，不管是平淡的还是轰轰烈烈的，其实都是一场冒险的旅程，也许飞蛾扑火，也许琴瑟和弦。

我最喜爱的女诗人，英国19世纪杰出诗人勃朗宁夫人，有过人生的大不幸，15岁时坠马受重伤，从此下肢瘫痪。我喜欢她的十四行诗，甚于莎士比亚的十四行诗，简单、率真、深情。39岁那年，她结识了小她6岁的诗人罗伯特·勃朗宁，瘫痪达24年后，爱情使她重新站了起来。《葡萄牙人十四行诗集》正是她献给丈夫的恋歌。要说对爱情的理解、渴望、哀怨、挣扎、痛苦、感激，没有哪位诗人比勃朗宁夫人的十四行诗表现得更淋漓尽致。其实，她所有十四行诗的主题，无不是在演绎胡兰成张爱玲互赠的这十六个字：因为相知，所以懂得；因为懂得，所以慈悲。

《十四行诗》的第七首，我曾经一遍一遍地背诵：

全世界的面目，我想，忽然改变了
自从我第一次在心灵上听到你的步子

轻轻、轻轻，来到我身旁——穿过我和
死亡的边缘：那幽微的间隙。站在
那里的我，只道这一回该倒下了
却不料被爱救起，还教给一曲
生命的新歌。上帝赐我洗礼的
那一杯苦酒，我甘愿饮下，赞美它
甜蜜——甜蜜的，如果有你在我身旁
天国和人间，将因为你的存在
而更改模样；而这曲歌，这支笛
昨日里给爱着，还让人感到亲切
那歌唱的天使知道，就因为
一声声都有你的名字在荡漾

许氏夫人如果真有"你爱我吗"的问题，无疑是关于爱情的千年之问。凡夫俗子们都不会有这样的烦恼，天才如李白，估计也从来没有去想过这样的问题。只有敏感如李商隐，率性如张爱玲，深情如勃朗宁夫人，他们的答案，是否给许氏夫人以些许的安慰？

李商隐说：身无彩凤双飞翼，心有灵犀一点通。

张爱玲和胡兰成说：因为相知，所以懂得；因为懂得，所以慈悲。

勃朗宁夫人说：那歌唱的天使知道，就因为，一声声都有你的名字在荡漾。

如果,在某个疲倦的午后,无边的落寞突然袭上你的心头,看天地茫茫,宇宙洪荒,脆弱的神经刹那间"嘣"的一声断裂,你是否像许家女子一样,来一句:"你爱我吗?"

14 于婚姻，政治投机的李白需要等待与捕捉时机；于爱情，浪漫主义诗人需要羞答答的玫瑰静悄悄地开。

许紫烟的"你爱我吗"是女子关于爱情的千年之问。

而李白，在某天早晨醒来，对着正在梳妆的妻子，想起前路漫漫，虽有花前月下，会不会一声长叹：这生活，不是我想要的生活啊。

这生活，真不是李白想要的生活。

李白与许家小姐结婚后，史家普遍认为，其《寄远十二首》是李白游历江汉时写给夫人许氏的情诗。这 12 首诗，写得热烈大胆，情意缠绵，史家以此推断，李白与许氏夫人伉俪情深，"酒隐安陆"的十年甚至是李白一生最幸福的十年，红袖添香，儿女绕膝，享天伦之乐。

但李白后面还有一句话："蹉跎十年。"怎样的安乐都不是李白想要的，我们无法用世俗的幸福来判断一个诗人的幸福。

所以，从结婚的第一天起，这位相家的女子，就已经做好了一个准备：既然不能一起闯荡江湖，就独守空房吧。

没有昨夜的星辰，也没有昨夜的风。

许家女子的爱情，哪个史家又敢确切地说，这不是一个悲剧。

许氏夫人死后，李白很快又找了前宰相宗楚客的孙女为妻。不管是巧合还是有意为之，都为这位浪漫诗人的浪漫爱情故事加上了很多传奇。"千金买壁"的故事固然可以传为佳话，但如果没有李白的斗士性格，功名心理，恐怕千金也就买壁而已。李白的性格就和他的诗一样，随性而为，随口而出，但仔细琢磨，慢慢品味，就是任你"拈断数茎须"也无法写出的佳作。

和宗氏夫人的爱，是否也是这样的佳作？

一点儿也不必怀疑李白内心熊熊燃烧的爱之火，也不必怀疑李白与宗氏夫人真挚的爱情。事实上，从李白留下的诗歌来看，李白与宗氏的感情，当远远胜过许氏。

和他的同时代诗人比，或者与比他先或后成名的大家相比，李白的爱情似乎更加夸张更加离经叛道更加不可思议。这里除了李白的浪漫主义个性、追逐功名的心理外，是否还有更多的文化因素？

把时间拉到744年，这是郭沫若考证的李白与宗氏结合的一年。这一年，李白44岁，刚从长安被赐金放还，三月出京，孟夏与杜甫相遇于洛阳，然后有了梁园千金买壁的故事，野史里还记载着杜甫、高适撺掇着李白娶了这千金小姐，所谓郎才女貌。

744年，李白的家庭是一个怎样的境况？

理一理744年前后的史实会很有意思。这一年是李白从长安赐金还乡的第一年，至少在外人看来，李白是从皇帝身边风光而回，李白自己在后来的无数诗文里也爱夸耀长安风光，744年的重要性可想而知。根据郭老的考证，许夫人死于740年，李白又于744年娶宗氏，而在这四年中间，李白又有一年多时间在长安，剩下的就只有不到三年的时间了。在这不到三年的时间里，李白干了什么？

再根据李白的崇拜者魏颢的说法，李白在这不到三年的时间里，先后与一刘姓女子及一鲁妇人同居。在《李翰林集序》里，魏颢是这样述的：

白始娶于许，生一女一男曰明月奴，女既嫁而卒。又合于刘，刘诀。次合于鲁一妇人，生子曰颇黎。终娶于宋。

对于后一句"终娶于宋"，公认的说法是"宋"乃"宗"之误。

而根据742年李白被征诏长安离家前写的《南陵别儿童入京》，李白当时是刚刚游泰山回来，他的家在东鲁，而两个孩子则寄居在南陵。

南陵在哪里，历来学者，包括中国诗词大会的著名评委康震，都认为南陵是现在的安徽省东南部，属芜湖管辖，唐属宣州宣城郡。而现在很多的说法则认为，南陵就是南边的山，即李白寄住的东鲁徂徕山。但不管李白要去哪里，也不管李白住在哪里，想想就很有意思的事情是，李白在这不到三年的时间里，先后找了两个女人同居，干什么？像李白这样的风流才子，长年在外游荡，又在唐朝那样宽松自由的环境里，携妓游山玩水那是常有的事，不至于为了下半身去找累赘，也断不至于是一场突然而至的生生死死的爱情。唯一能解释的是，李白急于要找一个能帮他照顾孩子的女人。而事实上，找了也是白找，这两个女人显然都不能承担相夫教子的重任。

可是，李白为什么不自己带孩子呢？或者，凭他的才华，他就不能找一个知书达礼的女子吗？以致沦落到许氏夫人一死，就急匆匆地先后和两个女子同居。

这个李白，至少在唐朝的诗人里，甚至和他同时代的同是有名望的诗人相比，也是一个独一无二的李白。于婚姻，政治投机的李白需要等待与捕捉时机；于爱情，浪漫主义诗人需要羞答答的玫瑰静悄悄地开。不要把李白想象成一个小人，李白有抱负，要实现他"功成身退"之抱负，李白一直在苦苦地等待。

王维和李白是同时代的人。王维生于701年，死于761年。李白则生于701年，死于762年。对比这两个诗人的仕途和爱情，会发现很多有意思的现象。

在唐朝这么多诗人里，王维的爱情绝对最乏味。

这位少年成名、21岁中状元的诗人，似乎风流韵事不多，也没有像李白一样动不动就"寄内"，也没有像李商隐一样对少年情事念念不忘。但王维不是铁板一块，不是不懂爱情啊。一首"红豆生南国，春来发几枝。愿君多采撷，此物最相思"，暴露了王维内心最真实最火热的爱情。不经意处，王维的相思已成为千百年来的风景。可王维，却总是这样波澜不惊。

唐玄宗时，王维官至吏部郎中，唐肃宗时，官至尚书右丞，估计也相当于今天的部长级别了，世称王右丞。身处盛世，少年成名，仕途顺利，是李白穷其一生而追求的。可能正因为太顺利，王维才不会有"安能摧眉折腰事权贵"的愤懑。如果说李白是个仗剑江湖的剑侠，王维则是一个气定心闲的太极宗师。李白一心向道，又是隐居，又是炼丹，什么法门都使尽了，但学道的李白却并没有真正参透"道"。王维呢？从不标榜自己是学道之人，但他的诗歌处处有"道"。读读这首《终南别业》：

中岁颇好道，晚家南山陲。
兴来每独往，胜事空自知。
行到水穷处，坐看云起时。
偶然值林叟，谈笑无还期。

看这是一个什么样的王维？王维说，晚年住在南山边睡，常喜一个人游山玩水，随意而行，走着走着，就走到流水的尽头了，无路可走了，怎么办呢？不急，干脆就坐下来，看那云，飘来飘去。

这个老头子，他一点儿也不急呢。没路走了，坐下来看云啊。云有什么看的呢？云飘来飘去，多自由啊。"行到水穷处，坐看云起时"成为千古名句，最难得的是，王维身居高位拥有的此种人生境界。假如是李白呢？李白还不急得团团转，那肯定是"欲渡黄河冰塞川，将登太行雪满山"啊。按王维老头子的说法，黄河过不了，那就在黄河边上坐下来嘛，看黄河水滔滔，思人生乐无涯，岂非美事？

其实，王维是饱汉不知饿汉饥。你都部级干部了，肚皮都比普通百姓要大好几圈了，"行到水穷处"了，自然不担心，啥都不愁，先坐下来看看风景。人家李白不一样啊，老大不小了还"草根"一个，哪有心思"坐看云起"，真想像孙猴子一样，坐上那云，去问一下玉帝老爷，这辈子，什么时候也可以像王维那样，吃惯了那山珍海味，见惯了那公子王侯，厌倦了那早朝晚课，然后，踱着那八字步，腆着那啤酒肚，去山野看一下流水淙淙，云卷云舒。

李白一定想，让你王维，活成我李白那样试试？

王维一定说，试试就试试。

其实，李白和王维，都是人生的大智慧者。和王维相比，李白经历过更多的人生挫折，但李白正是那愈斗而愈勇者，即使看云，他也无法悠闲自得地"坐看云起时"，他怎么看呢？李白眼里看到的云不是云，看他怎么说的：

凤凰台上凤凰游，凤去台空江自流。
吴宫花草埋幽径，晋代衣冠成古丘。
三山半落青天外，二水中分白鹭洲。
总为浮云能蔽日，长安不见使人愁。

好好地去游凤凰台，多美的景色，云雾笼罩中，三座山隐隐约约，水流潺潺，可李白偏偏不开心，长安不见，愁啊。长安为什么不见呢？被云挡住了啊，奸臣当道呢。

李白的"云"，不是王维的那片"云"。李白的"天"，不是王维的那片"天"。

李白和王维，一个号称"诗仙"，一个号称"诗佛"。所谓仙者，有仙风道骨。纵观李白一生，恐怕更多的，是求仙而不得，求道而不入。他是一个仙、道、儒的综合体。现实生活中，仙者快乐也，道者淡泊也，儒者入世也，或者可以说是功利也。从本质上来讲，这三者是向三个不同方向奔走的马车，一个人，如果坐在这样的马车上，则随时有被车裂的危险。

但李白，就是这样一个能坐在三驾往不同方向的马车上，而把人生过得色彩斑斓的诗人。李白的人生，同时也是这样被撕裂的人生。

如果李白活成王维那样，肯定也得憋屈而死。不说别的，还是说爱情。王维31岁那年，妻子死了。从31岁到62岁去世，这个才华横溢，诗书画乐俱佳，又身居高位的王维，居然再也没有成过家。

这，太不可思议。至少李白肯定想不通。

两个人，对待婚姻，对待爱情，完全不一样啊。由此，人生态度也是完全不一样。王维的爱情恰似李白所好的那一杯酒，甘醇，一杯微醺，恰到好处，余下的，就是回味，就是品咂，就是无数个寂寞的夜里，看着那空空的酒杯，想着只有两个人懂的心事，这样一想，就是一生。

李白能只喝一杯酒吗？一杯一杯又一杯。

在李白的诗里，在李白的爱情里，没有昨夜的星辰，也没有昨夜的风。没有水穷之处，也没有云起之时。昨夜的星辰，是长安那颗闪亮的星；昨夜的风，是从长安吹过的不眠之风。

李白不是李商隐，李白也不是王维。李商隐抓住的是过往，王维抓住的，或许是来生。李白抓住的，是眼前。

李白的爱情，总是匆匆，太匆匆。

七

742年的会稽愚妇

 李白在临上长安前,也秉着"一个也不放过"的精神,对刘氏不惜以"会稽愚妇"的典故破口大骂,这里面该有多少深仇大恨?

假如没有742年,李白的一生会怎样?

742年,李白时来运转,被唐玄宗诏进京。从写那封著名的求职信《与韩荆州书》到终于被皇帝老子垂青,李白等得太久。日日夜夜都为了这样一个梦,当这个梦想突然实现的时候,有的人会崩溃,著名的范进先生就是这样一个典型。

李白也离崩溃不远了,因为,李白正碰上了一个不那么贤惠的女人,大诗人无计可施。这时,唐玄宗适时抛来一根稻草,这根稻草把李白打捞了起来。这是一根让李白一辈子都津津乐道的稻草。

742年的一根稻草,这可以做一首现代诗或小说的题目。我们很有必要了解,在742年,大唐王朝发生过一些什么事。

742年,正月初一,唐玄宗御勤政殿,受百官朝贺,大赦天下，年号改"开元"为"天宝"。《资治通鉴》记载："（这一年），李林甫为相，凡才望功业出己右及为上所厚、势位将逼己者，必百计去之；尤忌文学之士，或阳与之善，啖以甘言而阴陷之。世谓李林甫'口有蜜，腹有剑'。"

站在21世纪的时空，审视742年，生命会突然多了很多沉重与洒脱。

如果写《742年的一根稻草》这篇小说，一定会有几个性格鲜明的有趣的人物：一个搞了点儿政声号称"开元盛世"现在想要来点儿声色犬马的皇帝，一个写诗的一直希望一飞冲天的"草根"，一个有点儿小心思要傍个男人过日子的村妇。当然，如果要拍成电影，还有742年的大背景。

设置好场景和人物，我们就可以把自己置身于当时情境之中，感受李白的那种大喜悦、大放纵。这种喜悦，于李白而言，远远胜过金榜题名、洞房花烛。

千万不能忽视那个想要傍个男人过日子的"会稽愚妇"。这个"会稽愚妇"，到底是一个什么样的狠毒妇人，让大诗人李白喜气洋洋之时，临上长安之前，还这样耿耿于怀，甚至张口就骂。

文人之骂人，一般骂得诗意盎然，但也有"歹毒"的时候。鲁迅是一等一的高手，斯文如梁实秋，在鲁迅笔下可以成为"丧家的资本家的乏走狗"，"走狗"前的几个定语，骂得人无路可逃。

谦谦君子如孔子，也骂人。《孟子·梁惠王上》里有这样的记载：仲尼曰："始作俑者，其无后乎！"意思是说，最早发明人俑殉葬的人，会断子绝孙，不得好死。所以，不能说骂街的泼妇没读孔孟，"断子绝孙"这样歹毒的词，就是孔先生最早骂出来的。

李白所骂之"会稽愚妇"，是李白移居东鲁之后，又找的一个女人。李白绝对是一个先锋青年，李白和这个刘姓女子，同居而不结婚，说白了，就是要找个保姆带小孩。但又不仅仅是带小孩这么简单，既然同居，与李白行夫妻之礼是必须的。诗人李白在找女人这一点上，似乎是很精明的，也似乎不那么浪漫。当然，这和唐代开放的婚姻生活也不无关系。现代流行的试婚，在唐代早就有了。未婚可同居，还可签《优先婚前同居书》，光明正大有契约保护地同居，和试婚无异了，这在现代也做不到。正因为有了开放的社会风气，才有了刘姓女子愿意与李白同居而不计名分。

开放的社会风气和婚恋习俗，也促成了唐传奇小说的盛行。《莺莺传》里，张生与表妹莺莺一见钟情，通过婢女红娘传书，两人夜里就可以"朝隐而出，暮隐而入，同安于曩所谓西厢者，几一月矣"。这样的做法，一定吓死现在的丈母娘。这就不难理解，李白为什么在许氏之后，能够和刘氏同居；而刘氏，为什么能和李白一拍即合。大概啊，在唐代，写诗的男人确实畅销。不止宰相家的女孩喜欢诗人，村姑也喜欢诗人。现在，要说谁是诗人，人家肯定不愿意，那不等于说人家是低能吗？话说回来，要是某新闻说某某著名诗人,那又不一样了,你一定得知道,这"某某著名诗人"一定和街头行为艺术家差不了多少,和用屁股作画用胡须写大字的艺术家一样。唐朝人的审美观是有点儿问题的。

当然,刘氏最可能看到的,是李白是一个典型的"潜力股"。但刘氏显然是个炒短线股的人,她终于忍受不了李白的日日买醉而不着家,没有捞到许氏那样的名分,也没有许氏那样的好修养,她愈来愈看不起李白,愈来愈给脸色,最后终于一脚就把李白踢出门,哪里凉快哪里待着去吧。李白在临上长安前,也秉着"一个也不放过"的精神,对刘氏不惜以"会稽愚妇"的典故破口大骂,这里面该有多少深仇大恨?

为什么骂"会稽愚妇"就有深仇大恨?会稽愚妇讲的是汉代朱买臣的老婆。朱买臣是西汉吴县人,40岁时仍是个落魄书生,靠打柴为生。穷和落魄都不是错误,关键是,这朱买臣还痴,打柴途中还爱背个诗文之类的,一时在乡间传为笑话,这不是痴了,简直是傻。中国自古至今的诗词小说里,美女爱才子。这朱买臣的女人,或许也曾经爱过他,但再深的爱,也抵不过贫穷和乡邻的耻笑,这女人终于顶不住了,和朱买臣离了婚。

这样的故事,如果在唐宋传奇里,终究只是故事,但朱买臣的故事,却远比传奇更传奇。

后来,朱买臣凭自己的才能,终于被汉武帝看上,封为太守。听说这女人后悔了,去求朱买臣,请求回到朱家。这时的朱买臣，骑着高头大马，命手下将一盆水泼在地上，告诉女人，若她能将水重新收回盆中，就准许她回到朱家。

破镜难重圆，覆水不可收。中国人的婚姻爱情故事，写长了，是传奇；缩短了，其实就"覆水难收"这四个字。再美妙一点儿，还可写成诗。宋代诗人徐钧有诗云：

长歌负担久栖栖，一旦高车守会稽。
衣锦还乡成底事，只将富遗耀前妻。

我很怀疑，这样的故事，终究是穷酸文人编出来的。李白在临上长安前，将朱买臣的故事搬出来，不消说，出了一口恶气，同时，他的心里早已打好衣锦还乡的故事草稿了。

一个更真实的朱买臣之妻的故事记载在班固的《汉书·朱买臣传》里：

朱买臣，字翁子，吴人也。家贫，好读书，不治产业，常艾薪樵，卖以给食，担束薪，行且诵书。其妻亦负戴相随，数止买臣毋歌呕道中。买臣愈益疾歌，妻羞之，求去。买臣笑曰："我年五十当富贵，今已四十余矣。女苦日久，待我富贵报女功。"妻恚怒曰："如公等，终饿死沟中耳，何能富贵！"买臣不能留，即听去。其后，买臣独行歌道中，负薪墓间。故妻与夫家俱上冢，见买臣饥寒，呼饭饮之。

这个朱买臣之妻，是大善人也。朱买臣的故事，不知哪一个版本是真实的。唯一真实的是，朱买臣的故事，一定激励着后世无数穷酸的文人。连李白这样的人，中国诗歌史上的高峰，心中也有那念念不忘的"买臣情结"。

说到底，这"买臣情结"，就和男人们的处女情结一样，都是男性社会的产物。一个是娶老婆一定要娶原装货，一个是被老婆气了后一定要回来报复。李白后来衣锦还乡，不知是否去拜访过刘氏，但李白的买臣情结比朱买臣还深却是不争的事实。

"会稽愚妇轻买臣"，看得出来，李白除了有强烈的功名意识外，还非常在意妻子对待自己的态度。他希望妻子理解自己，无论贫穷或富有，无论得意或失意，都能无怨无悔地跟随自己。

许氏是这样，宗氏是这样。可这个山东女人刘氏，她偏偏不是这样。

现在的资料无法查证这刘氏是富家千金还是穷人家的女子，抑或只是一个死了丈夫的女人。以李白的浪漫与才华，断不至于找一个照料孩子的奶妈来作为性伴侣。可从李白的愤愤不平可以知道，是这女子一脚把李白踢了。

事实上，除了许氏和宗氏这样的女子，有涵养，好面子，还讲究点儿情调，放在现在，敢于踢李白这样游手好闲浪荡子的女子一定大有人在。写几首破诗，又不能当饭吃，还整天不着家，高兴也喝酒，不高兴也喝酒，快快净身出户吧。

刘氏绝对不是一盏省油的灯。即使在分手后,李白还未解恨,必大骂而痛快。在《雪谗诗赠友人》里,很有几句骂:

彼妇人之猖狂,不如鹊之彊彊;
彼妇人之淫昏,不如鹑之奔奔;
坦荡君子,无悦簧言。

李白骂人水平很高,自己写诗,又借用了诗经里的句子。《诗经》里有"鹊之彊彊,鹑之奔奔;人之无良,我以为君"。传说这首诗所斥责的对象是卫国以淫乱著闻的贵妇人宣姜。李白诗里当然不只写到宣姜这淫妇,诗中还写道"妲己灭纣,褒女惑周""汉祖吕氏,食其在傍。秦皇太后,毒亦淫荒"。这些全是历史上惑主的"祸水"。刘氏能和历史上这些著名的"祸水"相并列,恐怕是她自己也想不到的。

对于这几句诗,郭沫若是这样解释的:前人以为骂的是杨贵妃,显然是臆解。诗中虽然提到妲己、褒姒、吕后、秦始皇的母亲,但转语是"万乘尚尔,匹夫何伤",是侧重在"匹夫",而非侧重在皇室,可以推想到那位刘氏在与李白分手后,曾于李白友人处播弄是非,故李白乃"雪谗"自辩,事情是明若观火的。

遑论郭沫若这一论断的正确性，我更感兴趣的是：刘氏到底播弄过李白一些什么是非？他不顾家庭只管自己游山玩水？他赚不到几个钱却大手大脚地花钱买醉？他牛皮吹上天却没有捞到一官半职？这些，不用刘氏播弄，地球人都知道。

可怜的刘氏，没有许氏、宗氏之尊贵出身，没有宰相家小姐的学识修养，最初的愿望，无非也就是想和诗人谈个恋爱，沾上一点儿风雅，当然也图日后有个发达的机会。刘氏只是做了一个普通女人都会做的事情而已，只是，刘氏可能更泼辣些，心胸更为狭窄些。但即使如此，刘氏还是主动将李白踢了，这是要付出代价的。一个女人，对老公发了一点儿火，播弄了一点儿是非，这影响，毕竟是小范围的。但被前男友，这样一著名诗人写到诗里去，以后，谁还敢娶这个"会稽愚妇"？现在，更是遗臭万年了。

这样说，刘氏之悲，远远胜过李白之悲。

 只有李白，是一个独特的符号，他张扬着一面纯粹的诗人的旗帜，在呐喊中竭力前行，在痛苦中日夜兼程。

　　李白是一匹千里马，但又是一匹千里野马。刘氏最多就是一个炒短线股的，一点儿蝇头小利就够她高兴一天了，哪里还懂得相马。眼看那点儿蝇头小利也没有了，还装出一副臭诗人的样子，刘氏肯定就要使出泼妇本色了。

　　站在女人而不是站在诗人的立场，刘氏之踢李白，是真该为刘氏叫好的。嫁汉嫁汉，穿衣吃饭，嫁给朱买臣，至少还会砍柴，嫁个李白，啥事也不会做。这个"会稽愚妇"不简单！

　　由此看来，在诗国唐朝，也并不是每个人都喜欢诗的。诗人们都爱抱怨，诗在现在卖不了钱。其实，诗从来就不是值钱的，即使在唐朝，诗歌也从来没有卖出过更好的价钱。用心写，你就"面朝大海，春暖花开"了。李白的诗，卖给刘氏做擦手纸她也不要。

　　只是，没文化的刘氏终是斗不过有文化的李白，恐怕刘氏自己也不知道，李白一首诗，让自己遗臭万年。刘氏不清楚，但李白的心里清楚得很，刘氏只是不幸当了替死鬼而已。这么多年熬过来了，这一口恶气，李白恐怕不只是给平庸的会稽愚妇刘氏看的，李白犯不着和一个村姑一般见识。

播弄李白是非的，又何止刘氏一个。李白这一口恶气，是要出给所有看不起他的人看的。会稽愚妇只是一个幌子，在李白高傲的灵魂里，所有那些嘲笑他的腐儒、村姑，无一不是会稽愚妇。

李白一辈子较为深刻的居留记忆无非是畅游金陵，酒隐安陆，逍遥长安，再恋梁园，这其中，山东是李白人生的一个重要的驿站。山东是孔孟故乡，儒家文明的发源地，李白在山东，自然如鱼得水，他把山东就当作他的故乡。山东的兰陵，盛产美酒，但真正使兰陵美酒扬名天下的，却是李白的这首诗：

兰陵美酒郁金香，玉碗盛来琥珀光。
但使主人能醉客，不知何处是他乡。

诗的题目叫《客中行》，但李白一点儿也没有把自己当作客人，无"古道西风瘦马"，无"凄凄惨惨戚戚"。为什么呢？有酒喝呀。

有酒喝的地方就没有乡愁。一千多年过去了，李白给兰陵美酒打的这个广告至今仍然惠泽兰陵百姓。可并不是所有的山东人都对李白感恩戴德。除被他痛骂的"会稽愚妇"外，在山东，恐怕还有更多被李白视为"会稽愚妇"的"鲁儒"，他们看不起他，毁谤他，对此，诗人像一个长舌妇一样，喋喋不休地把这些写在诗里。他在《送鲁郡刘长史迁弘农长史》里这样写道：

鲁国一杯水，难容横海鳞。
仲尼且不敬，况乃寻常人。
白玉换斗粟，黄金买尺薪。
闭门木叶下，始觉秋非春。

这首诗，表面上是写鲁人不识刘长史之才，可李白实际上要表达的是自己不被赏识、遭受冷遇的悲愤。他说，鲁国那些狗官啊，胸怀就像一杯水那样小，怎么可容纳横海而渡的鲸鱼；孔仲尼都不受他们的尊敬，何况一般人呢？白玉才能换一斗粟米，黄金之才只值一尺薪木的价钱。李白句句说的是自己，句句是难以掩饰的失望、愤懑与无奈。读这首诗，我们更会明白，当唐玄宗那一封诏书到来时，李白为什么要"仰天大笑出门去"了。

一个像"会稽愚妇"的村姑，最多只是播弄一下是非，而像"会稽愚妇"那样的鲁地大小官吏的心胸狭小、嫉贤妒能、冷眼相待，更是使李白感觉到"大道如青天，我独不得出"，除了悲愤，还有深深的压抑。

其实，又何止是鲁地官员的不理解与排斥，最高贵者最孤独，李白的恃才傲物，不容于任何一个时代，哪怕就是在孔孟之乡，李白也处处得罪人。用现在的话来说，李白典型的智商高情商低，不懂八面玲珑，不会巧舌如簧，但又口不择言，直来直去。这样的人，在家里，是个被家长操心的孩子；在单位，是个被同事笑话的傻帽儿。

李白在孔子的故乡，还做了一件很没有情商的事。他写了一首诗，讽刺那些迂腐的鲁儒：

鲁叟谈五经，白发死章句。
问以经济策，茫如坠烟雾。
足着远游履，首戴方山巾。
缓步从直道，未行先起尘。

这首诗够刻薄的了，李白还给这些迂腐的鲁儒画了像：看这些人啊，脚穿远游鞋，头戴方巾，慢慢地在大路上行走，还没迈脚，早已带起了一片尘土。李白看不起的就是这类人，看似学富五车，却只会寻章摘句，经国纬世之策却什么也不懂，又要摆那副臭儒生的架子。

李白是大知识分子，可像他这样情商低的大知识分子，不肯和小知识分子打成一片，必然自己也没有好果子吃。

文如其人，诗咏心声。不必为李白讳言，就这首诗来说，李白会成为一个政治家吗？李白又会成这一个体贴妻子，关爱孩子的好丈夫、好父亲吗？李白生到世间，就是为写诗来的，和王维、杜甫、白居易，甚至孟浩然比，李白是一个更纯粹的诗人。

可李白自己不明白这一点，李白身边的人，却比李白更明白李白。把许氏和"会稽愚妇"刘氏相比较，许氏是真正的"因为懂得，所以慈悲"，这个女人，她包容了李白的一切，让爱情变成温香软玉。刘氏是"因为懂得，所以绝望"，她懂得李白有什么，她知道自己需要什么，她一出场，没有任何过渡，直接将爱情打入柴米油盐的大染缸里，可最后，也只收获了清汤寡水。

同样，大小"鲁儒"甚至官吏阶层，其实都是被李白打入"会稽愚妇"行列的。木秀于林，风必摧之，天才的诗人清楚地知道他们的嘴脸，知道世俗就是一张网，从上到下，结结实实地拉出一张网来，谄媚者如鱼得水，平庸者亦步亦趋。只有李白，是一个独特的符号，他张扬着一面纯粹的诗人的旗帜，在呐喊中竭力前行，在痛苦中日夜兼程。

李白的错误在于，他自己不明白自己只是一个纯粹的诗人。全社会都知道，他仅仅是一个诗人，而已！

而他自己觉得，他是整个世界。

他得的病，有一个通用的名字，叫诗人病。

诗人，很多时候，就是一个孩子。李白那些所谓的心机，就是一个孩子的小小的心机。

有时想想，一个国家，一个民族，不缺政客，不缺刽子手,有时缺的只是一片纯净的沙滩,和沙滩上奔跑着捡拾贝壳的小孩啊。

李白一直是一个在沙滩上奔跑的小孩,跑得不快的时候,有时,他使一点儿小小的心眼儿。

八

多情与痴情

17

如果这添香的红袖,能够读懂眼前埋头苦读的男人,如果这男人,在埋头苦读的间隙,偶尔抬起头给这女人深情的一瞥,或许,这就是爱情了。

就李白而言,有更多的无以言说的痛苦,其实也是爱情的痛苦。

不难想象,对刘氏的恨,首先其实是根源于对许氏的爱,或者说是对许氏的悔。面对世俗的势利的刘氏,李白清醒过来,他欠许氏到底有多少。对许氏的悔有多深,对刘氏的恨就有多深。这在李白来说,是最痛苦的感受。这样的推测似乎合情合理。

1075年正月二十,一个和李白同样浪漫的诗人,晚上做了一个梦,梦见了他死去已十年的妻子。这个诗人叫苏轼,这一年是宋仁宗熙宁八年,苏轼任密州太守。

苏轼和李白有很多相同之处。在密州期间,苏轼曾写了最为有名的中秋词《水调歌头》:"明月几时有,把酒问青天。不知天上宫阙,今夕是何年。"浪漫主义诗人,对月亮和酒都情有独钟,动不动就要考问苍天大地。李白的《把酒问月》里,也有"青天有月来几时?我今停杯一问之",异曲而同工。

但苏轼在情感的表达上又不同于李白。和李白有关系的女人不少,李白的诗里,似乎没有那漫长的夜里那不尽的思念,而苏轼有。这种"有",首先来源于深深的爱。正因为有这深深的爱,才有了梦中与死去十年妻子的相见,梦境无限凄凉,《江城子》这首词因此沉痛感人:

十年生死两茫茫,不思量,自难忘。千里孤坟,无处话凄凉。纵使相逢应不识,尘满面,鬓如霜。

夜来幽梦忽还乡,小轩窗,正梳妆。相顾无言,惟有泪千行。料得年年肠断处,明月夜,短松冈。

"千里孤坟,无处话凄凉",妻子死去十年了,苏轼却一直没有走出来,如此情深义重,读之无不掬一泪。

情深义重的不止苏轼。唐朝著名的负心汉、薄情郎元稹,却也是一个情深的主儿。元稹的才华自不必说,和李白有得一比的是,元稹也攀了一门高亲,其岳父为京兆尹,这个官相当于现在的北京市市长。但人家市长家的小姐真是个好女子,可惜红颜薄命。那个叫韦丛的女子,比李白的老婆许氏还死得早,和苏轼的妻子一样,也是27岁就死了。元稹后来的花花情史就不用说了,但这元稹,硬是把思念老婆的情诗写成千古绝唱：

曾经沧海难为水，除却巫山不是云。
取次花丛懒回顾，半缘修道半缘君。

元稹写这首诗，可谓煞费心机。把这几句诗的来历先讲一下。孟子有一雄文："孔子登东山而小鲁，登泰山而小天下。故观于海者难为水，游于圣人之门者难为言。"意思是说，孔子登上东山，就觉得鲁国变小了；登上泰山，就觉得整个天下都变小了。所以，观看过大海的人，便难以被其他水所吸引了；在圣人门下学习过的人，便难以被其他言论所吸引了。

意思明白得很，元稹先借孟子的话起了个势，然后说，老婆啊，你看我现在经过花丛——那一个个花枝招展的姑娘身边，我瞧都不瞧一眼，那些姑娘哪里比得上你呢？

写悼亡诗写到这个水平，苏轼也只能甘拜下风。不同的是，元稹一转身，又和别的姑娘谈恋爱去了。

李白没有苏轼这么痴情，也没有元稹这么多情。那么，李白对许氏的感情到底有多深？

天知道。

只知道，许氏去世后，从现有的文献里，找不到李白再回安陆的任何只言片语。

只知道，中国文人喜欢写悼亡诗，但在李白的诗里，找不到一首悼亡诗。从"情"的角度来讲，许氏需要浪漫洒脱、情感丰富的大诗人李白的一首悼亡诗来证明自己十年无怨无悔的付出。

那么李白，他需要什么？许氏不知是否注意过，刘氏不可能去思考这个问题，至于后来的宗氏，她是否又明白，李白，他需要什么？

都说红袖添香夜读书，如果这添香的红袖，能够读懂眼前埋头苦读的男人，如果这男人，在埋头苦读的间隙，偶尔抬起头给这女人深情的一瞥，或许，这就是爱情了。从这个层面上来讲，"红袖添香夜读书"还只是爱情的一厢情愿，而远远不是两情相悦。这两情相悦，或许是舒婷讲的"根，紧握在地下；叶，相触在云里"，而李白，决然是没想过这问题的。

从古至今的大诗人，从屈原、陶渊明，到杜甫、李商隐、苏轼，再到徐志摩、顾城，他们的爱情观和情感指向都是鲜明的，生动的，可触摸的，有温度的，有不顾一切的爱，有惊世骇俗的恨，有举案齐眉的风情无限，有死去活来的恩断情绝。

这些，都有别于李白。或者说，李白和他们通通不一样。

陶渊明和李白是有相同气质的诗人，陶渊明也是李白的人生导师之一。北京大学国学研究院院长袁行霈先生在《学问的气象》里给了陶渊明一个古代文化精神的坐标——陶渊明是古代士大夫的一个精神家园，通过他，我体察到古代许多士大夫的心灵。夸大一点儿说，懂得了陶渊明也就懂得了中国古代士大夫精神的一半。

但，懂得陶渊明，并不一定就懂得李白。

陶渊明之于李白，其实是一种更痛苦的折磨。

也许，陶渊明对中国所有的以士大夫自称的人，都是一种折磨。只是，对李白的折磨更痛更深。

两位诗人都爱酒。他们写酒，如穿越相会，如云中把盏，如梦里对答，如悲喜同欢。李白说，"花间一壶酒，独酌无相亲"。陶渊明则说，"此中有真意，欲辨已忘言"。李白说，"烹羊宰牛且为乐，会须一饮三百杯"。陶渊明则说，"且共此欢饮，吾驾不可回"。

李白在《戏赠郑溧阳》一诗里，更是丝毫不掩饰对陶渊明把酒临风的艳羡仰慕：

陶令日日醉，不知五柳春。
素琴本无弦，漉酒用葛巾。
清风北窗下，自谓羲皇人。
何时到栗里，一见平生亲。

李白想要去见自己的偶像，急切地说，什么时候到陶渊明隐居的栗里，得以相见、诉尽平生倾慕之心呢？

设想，陶渊明也是这样急切地想见李白吗？不一定！

陶渊明和李白喝的酒，是不一样的酒。陶渊明喝酒，喝的是悲愁。但愁过之后，陶渊明干的是什么呢？愁不愁？愁啊。《饮酒》其三写道：

道丧向千载，人人惜其情。
有酒不肯饮，但顾世间名。
所以贵我身，岂不在一生？
一生复能几，倏如流电惊。
鼎鼎百年内，持此欲何成！

人生是多么的短暂、虚无，还是饮酒吧，才能减轻内心的痛苦。愁过之后，陶渊明突然之间寻找到了自己的乐趣，领悟到了生活的真谛，所以，在《饮酒》其五里，笔触与心情完全不一样了：

结庐在人境，而无车马喧。
问君何能尔？心远地自偏。
采菊东篱下，悠然见南山。
山气日夕佳，飞鸟相与还。
此中有真意，欲辨已忘言。

细细读这首诗，李白的痛苦，甚至中国绝大多数知识分子的痛苦全在于此了。中国绝大多数知识分子喝的酒，都和陶渊明喝的酒不一样。

知识分子们喝酒，喝不到陶渊明这个境界。李白也喝不到这个境界。

陶渊明喝酒，喝的是随意，是安逸，是有所思，是无所为。

李白喝酒，喝的是有意，是悲愤，是天天思，是无法为。

陶渊明是农夫喝酒，手里拿的是驱蚊的扇子。

李白是战士喝酒，手里拿的是征夫的剑。

陶渊明写过《饮酒》二十首，李白也写过《月下独酌》四首。看李白《月下独酌》的首作：

花间一壶酒，独酌无相亲。
举杯邀明月，对影成三人。
月既不解饮，影徒随我身。
暂伴月将影，行乐须及春。
我歌月徘徊，我舞影零乱。
醒时相交欢，醉后各分散。
永结无情游，相期邈云汉。

这本是一场一个人的酒，可李白不想一个人喝。读书人喝酒，什么时候不是一个人喝得最舒心呢？所以，压根儿不要把李白当作读书人。李白一个人喝出三个人来，喝得惊天地泣鬼神，手舞足蹈，影子也随诗人蹁跹起舞。

李白醉了吗？没有。你没看他，最后深情地呼唤，月呀，愿和你结为忘年之友，相约在高远的银河岸边再见。

相见干什么呢？诗评家就出来说话了——此句点尽了诗人孤独、冷清的感受。非也。这诗写得多热闹。朱自清听荷塘里的蛙鸣，就说，这热闹是它们的，我什么也没有。这是一层悲凉。李白呢？热闹肯定不只是月亮的，热闹也是李白的。也许，我们看到的是悲凉，但悲凉过后，李白说，要"永结无情游，相期邈云汉"，李白要把月亮、影子一起邀上，在那邈远的天上仙境相见。这结尾，还是热热闹闹的。

　　这酒喝得和陶渊明完全不一样了啊。陶渊明喝醉了就"带月荷锄归"了，李白喝醉了呢，他想要去捞月亮。

　　这么说来，每一个真正的诗人，不只是孩子，还得是离家出走的孩子。只是，李白不光离家出走，他还一直在梦游。

18

> 或许更有一种甜蜜的、苦涩的爱，那就是，把它珍藏在心间，不喧嚣，不张扬，一由它，在内心的某个角落生长。

都是离家出走的孩子，陶渊明也有一样深的爱，一样深的愁。

陶渊明喝酒，是安静地喝，恬静地醉，淡淡地愁着。李白不一样，李白是热闹地喝，清醒地醉，热热闹闹地愁。

李白式的愁，是一种天地之间的大悲凉。他自己都没有感觉到的悲凉，但我们在他的诗里感觉到了。

于酒如此，于爱情也一样。

武断地说，李白确实缺少惊天动地的爱情。心底波澜笔下文章，心之所向身之所往，李白都有。

但风流潇洒、才华横溢的李白，他隐秘的情感世界，一定存在一个没有被触摸到的地方。也许，那该是对心中女子的执着的追求，疯狂的想念，绝望的表达。

陶渊明不一样。读陶诗的人，更多地把目光停留在其"不为五斗米折腰"，停留在"晨兴理荒秽，带月荷锄归"。恬淡平和的陶渊明与热烈奔放的李白，他们的爱到底有什么不同？

陶渊明有一篇《闲情赋》，这里有一个更真实的陶渊明：

愿在衣而为领，承华首之余芳；悲罗襟之宵离，怨秋夜之未央！愿在裳而为带，束窈窕之纤身；嗟温凉之异气，或脱故而服新！愿在发而为泽，刷玄鬓于颓肩；悲佳人之屡沐，从白水而枯煎！愿在眉而为黛，随瞻视以闲扬；悲脂粉之尚鲜，或取毁于华妆！愿在莞而为席，安弱体于三秋；悲文茵之代御，方经年而见求！愿在丝而为履，附素足以周旋；悲行止之有节，空委弃于床前！愿在昼而为影，常依形而西东；悲高树之多荫，慨有时而不同！愿在夜而为烛，照玉容于两楹；悲扶桑之舒光，奄灭景而藏明！愿在竹而为扇，含凄飙于柔握；悲白露之晨零，顾襟袖以缅邈！愿在木而为桐，作膝上之鸣琴；悲乐极而哀来，终推我而辍音！

这就是那个拿锄头的老头子写的吗？这老头写了什么呢？写了一位绝世美女。这老头，分明是一位钟情的少男，一改其闲适恬淡的风格，极尽铺陈之能事，写自己愿意做这位美女的衣领，愿意做她裙子的丝带，愿意做她的发膏，愿意做她床榻的凉席，愿意做她的绢丝便鞋，愿意做她的影子，愿意做为她照明的蜡烛，愿意做为她扇风的扇子。

这分明就是热播剧《都挺好》里恋爱中的苏大强！当苏

大强叫一声"亲爱的蔡根花"时,他自己一定被感动了,只是,苏大强同志也和李白一样,碰到了一个"会稽愚妇"。

陶渊明的爱情长出了翅膀,一振而响彻云霄。

这就是陶渊明,和"不为五斗米折腰"的陶渊明是同一个陶渊明。陶渊明对爱情的追求与其不同流合污一样,在本质上都是一样的率真。

这样的陶渊明更可爱。读了这篇赋,我的脑海里浮现的陶渊明,不再只是那个"带月荷锄归"的老头。他是一团火啊,一团熊熊燃烧的爱情之火。

李白也有一团火。李白那团火和陶渊明的火不一样。

如果把爱情诗简单地分为两类,不妨就分为婚前和婚后。婚前的爱情诗,是烈火,是霹雳,是欲说还休,是度日如年。婚后的爱情诗,是责任,是担当,是醇厚的酒,是老火的汤。

前者也许幼稚、莽撞,但爱情的本质,从来就不是深思熟虑。当张爱玲遇上胡兰成,当徐志摩遇上林徽因。那么,当李白遇上许氏、宗氏、刘氏呢?

李白写给许氏、宗氏的爱情诗,无疑都是婚后所写,少了荷尔蒙,多了镇静剂。有多少热爱李白的人,在读李白的爱情诗时,或许总想迂回曲折地去猜谜、寻觅那一团陶渊明一样的火。没有,都没有。这于李白,是一种不可思议的惊奇。

二十多岁就混迹金陵脂粉堆里,这样的李白,不只是一位多情公子，还应该是一位痴情男人。不错，多情与痴情，从来就是爱情的分水岭。如果用现在最直白的语言来说，多情倾向于弄上床，痴情则更趋向于娶回家。

弄上床和娶回家是两种截然不同的爱情态度。而在弄上床和娶回家之间，或许更有一种甜蜜的、苦涩的爱，那就是，把它珍藏在心间，不喧嚣，不张扬，一由它，在内心的某个角落生长，不攥在手中，不据为己有，任由这种美好，云淡风轻。

从出蜀到娶许氏为妻，两年多时间，多情如李白，竟然一脚就踏进婚姻的围城，在唐朝这样一个开放自由的环境下，实在是不敢想象。热爱李白的人，都试图为李白找回一段初恋，似乎只有这样，李白的人生才完整丰满。这像是一次攀登，和初恋本身一样吸引人。但事实是，李白是一枚典型的多情种子，却根本不是一个痴情的情郎。

除了写给许氏、宗氏婚后的爱情诗外，少年风流的李白，出长江、游金陵时，当然免不了也有很多"有情"之诗。

王安石编辑杜甫、欧阳修、韩愈、李白四家诗，以李白居后，称，"白诗近俗，人易悦故也，白识见污下，十首九说妇人与酒，然其才豪俊亦可取也"。王安石站在正统的儒家立场，对李白的这类"有情"之诗，很是不屑。

李白传世的诗作九百九十多首，写女性的诗歌有一百三十多首，其中咏妓之诗五十多首。王安石的观点似乎有失偏颇，但李白的某些诗，确实惊世骇俗。

有一首《对酒》，广为传诵：

葡萄酒，金叵罗，吴姬十五细马驮。
青黛画眉红锦靴，道字不正娇唱歌。
玳瑁筵中怀里醉，芙蓉帐底奈君何。

这首诗，不只多情，当是香艳了。"青黛画眉红锦靴，道字不正娇唱歌"，只有李白这样的多情公子才写得出来。叫杜甫写，肯定羞于拿出来。徐志摩的"最是那一低头的温柔，像一朵水莲花不胜凉风的娇羞"，怕是从这里化出来的了。可是，风流如徐志摩，也绝对不会再接上一神来之笔"玳瑁筵中怀里醉，芙蓉帐底奈君何"。

他们都玩不起，只有李白，玩得起。

不错，李白就是个玩得起的多情诗人。李白不只有"抽刀断水水更流"，更多的时候，也有"芙蓉帐底奈君何"。最为王安石所看不惯的应是这一首《相逢行》：

朝骑五花马，谒帝出银台。
秀色谁家子，云车珠箔开。
金鞭遥指点，玉勒近迟回。
夹毂相借问，疑从天上来。
蹙入青绮门，当歌共衔杯。

衔杯映歌扇,似月云中见。
相见不得亲,不如不相见。
相见情已深,未语可知心。
胡为守空闺,孤眠愁锦衾。
锦衾与罗帏,缠绵会有时。
春风正澹荡,暮雨来何迟。
愿因三青鸟,更报长相思。
光景不待人,须臾发成丝。
当年失行乐,老去徒伤悲。
持此道密意,毋令旷佳期。

在这里,李白津津乐道地写了自己的一次艳遇。什么时候艳遇的呢,是凌晨的时候坐着那五花马去见皇帝时,看到了这样的一个美女,李白就挑逗起来了,说,美女啊,你为什么一个人独守空房呢?如果我们俩在一起多好啊。所以,"光景不待人,须臾发成丝。当年失行乐,老去徒伤悲"——趁现在我还身体强壮,你也青春美貌,我们还是找个机会,一起缠绵吧。

这才是李白。够风流,够多情,够直接。没有缱绻与缠绵,没有感伤与不舍,没有温柔,只有风流,没有真诚,只有冲动。

这是一个痴情的李白吗?不是。哪怕是面对花一样的女性,他也没有情的投入,只有欲的冲动,更别说精神上的共鸣。这也不是一个恋爱中的李白。所以，有时候，不得不怀疑，李白恋爱过吗？他有过纯情的初恋吗？"山有木兮木有枝，心悦君兮君不知"，我爱你，爱得毫无理由，爱得天经地义，李白，似乎根本就不屑于这样的爱情。

　　说李白更多的是追求声色之乐，恐怕一点儿也不为过，这大概也是王安石贬斥他的原因。魏颢在《李翰林集序》里说："间携昭阳、金陵之妓，迹类谢康乐，世号为李东山。骏马美妾，所适二千石郊迎，饮数斗醉，则奴丹砂抚《青海波》，满堂不乐，白宰酒则乐。"狎私妓游玩，在唐代本是一种风气，无可厚非。唐代有权有势的人家，普遍蓄养"家妓"。唐之所谓妓，实际就是女乐，女乐往往谈吐不凡，色艺俱全。唐中宗时，曾规定"三品以上，听有女乐一部；五品以上，女乐不过三人"。到了唐玄宗，自己好声色之乐，官员也有福同享，规定凡五品以上官吏，都可设置女乐。所以，蓄妓在唐代是普遍现象。白居易号称"诗史"，在现在来说，算是人民诗人了，对于卖炭的老头，白居易寄予满腔同情，"满面尘灰烟火色，两鬓苍苍十指黑。卖炭得钱何所营？身上衣裳口中食"。对于萍水相逢的普通歌女，白居易深情写道"同是天涯沦落人，相逢何必曾相识"。而更想不到的是，人民诗人白居易，有名有姓的家妓达二十多个。白居易晚年从刑部侍郎的位置上退下来，在洛阳盖了一座别墅。他的《池上篇》里记载了退休后的美好生活：

十亩之宅，五亩之园。
有水一池，有竹千竿。
勿谓土狭，勿谓地偏。
足以容膝，足以息肩。
有堂有庭，有桥有船。
有书有酒，有歌有弦。
有叟在中，白须飘然。

《池上篇》里还提到："罢刑部侍郎时，有粟千斛，书一车，泊臧获之习筦、磬、弦歌者指百，以归。"所谓臧获，即家妓。其中最著名的有两个，一个叫樊素，一个叫小蛮。白氏有诗云："樱桃樊素口，杨柳小蛮腰。"

这老头会享受！

李白也会享受，可是李白晚年没这个条件。白居易不一样，有本钱，比李白更玩得起。在唐代，比李白玩得起的诗人多得是，如著名的元稹，人家才真是风流诗人啊。

有这样的白居易，有这样的元稹，王安石为什么偏偏抓住李白不放呢？是不是王安石不屑于评白居易与元稹？

细究起来，李白与白居易确实是不一样的。哪里不一样？一个是痴情，一个仅是多情。

白居易的《琵琶行》成为千古名作，最重要的不是写了歌女，最重要的，是白居易融入了"自我"，这是白居易的"痴情"，所以才有了"同是天涯沦落人，相逢何必曾相识"的千年一叹。以李白的洒脱,碰到此琵琶女,一番细细描摹自不可少,但赞叹完后,定是飘然而去,天涯何处无芳草,哪一棵草都一样。

痴情,李白学不来。也许,李白浪费不起,他有他的宏大志向。多情是本事,痴情则是一种病,诗人们一般还病得不轻。李白不是这样的。所以,金陵饱览美女之后,他突然来了个急刹车,辗辗转转,奔向湖北找相门女子结婚去了。

李白的可爱,正在于这我行我素的多情,快快乐乐的多情,认认真真的多情。在感情生活上,李白是一个率直的人。事实上,李白的多情,比见一个就痴情一个的诗人来说,真实和有趣得多。比如元稹。

元稹是多情者、痴情者,不幸的是,他还是著名的薄情者。

因为多情与痴情,才有"曾经沧海难为水,除却巫山不是云",才有"诚知此恨人人有,贫贱夫妻百事哀"。普通人永远无法想象,对爱理解如此深彻之人,又哪来始乱终弃,哪来见异思迁?但神奇的元稹却全部做到了。和元稹相比,李白根本不在一个段位上。

从801年到815年,元稹先是喜欢上了一个叫双文的姑娘,然后娶了时任京兆尹韦夏卿19岁的女儿韦丛。娶了韦丛的第二年,因忘不了双文,写下了名垂千古的传奇小说《莺莺传》,然后,又与著名女诗人薛涛有了刻骨铭心之爱,然后,一路下来,元稹的爱情数不清。

史学大师陈寅恪先生说元稹是一个罪不可赦的小人，"巧宦固不待言，而巧婚尤为可恶也。岂其多情哉？实多诈而已矣。"陈先生把元稹的多情上升到奸诈的高度了。但陈先生又在《元白诗笺证稿》里为元稹辩护说："盖弃寒女婚高门，乃当时社会道德舆论之所容许，而视为当然之事，遂不见其性与人之冲突故也。"

连元稹这种情感上明显缺乏操守的人都可以原谅，何况这么真的李白。

原谅李白。爱情是个小妖精，李白心中的那一团火，和这迷死人的爱情，或许都要在历史的尘烟里去寻寻觅觅。

九

我长得寂寞了

19

一篇《与韩荆州书》，成为文学史上千古名篇，也让韩朝宗成为千古名人，却并没有让李白谋得一官半职。

看黑龙江电视台综艺节目《见字如面》，台湾演员王耀庆读李白的《与韩荆州书》。不知读者心中的李白，是不是就是王耀庆那个样子。兴味索然。

李白多狂的一个人，多么不卑不亢的一个人，又多么打碎牙齿往肚里吞的阿谀奉承的一个人。

集三者于一身者，只有李白。王耀庆读不好这封信，因为世间再无李白。就像李白与紫烟的这一场婚姻，一千多年了，又有多少人懂？

王耀庆读的那封《与韩荆州书》写于734年。此时，李白与紫烟结婚已经7年，距李白第一次去长安也已经4年了。入长安而不得意，李白写了著名的《行路难》，抒发"大道如青天，我独不得出"的感叹。

韩朝宗敢于提掖后进，是有故事的，所以李白借众人之口结结实实拍了韩荆州一个马屁："生不用封万户侯，但愿一识韩荆州"。韩朝宗曾推荐过孟浩然。史载,韩朝宗在襄阳时,想推荐孟浩然做官,就和孟浩然约好见面。可孟夫子也是酒肉之徒,约会那天和朋友喝酒,忘记去赴约了。韩朝宗很受伤,倒是孟浩然,一点儿事也没有。《全唐书》是这样记载这个有趣的故事的:

采访使韩朝宗约浩然偕至京师,欲荐诸朝。(孟浩然)会故人至,剧饮欢甚。或曰:"君与韩公有期。"浩然叱曰:"业已饮,遑恤他!"卒不赴。朝宗怒,辞行,浩然不悔也。

不知这故事的真假,做诗人做到孟浩然这个份上,不用"牛哄哄"这个词,不足以表达对孟浩然的敬仰。如果这故事是后人的臆想,也不是坏事,至少表明了诗人是有个性的,不是呼之即来挥之即去的,所以后来才有了李白的"天子呼来不上船,自称臣是酒中仙"。实际上,道理就是明白得很,你当你的天子,我喝我的酒,为什么你打发人叫一嗓子,我就要屁颠屁颠赶过去呢?拉倒吧。

想明白了,这世间破事,就是如此而已。

孟浩然想得明白,但李白是到死想都不明白的,他就过嘴瘾而已。

孟浩然这样和韩朝宗较劲,似乎一点儿也不影响两人的友情。韩朝宗调离襄阳赴荆州时,孟浩然还写过一首《送韩使君除洪州都曹》给韩朝宗。这一年，正好也是734年。

如果有意去比较李白与孟浩然两个好朋友在同一年写给韩荆州的诗文，会很有意思。孟浩然的诗后几句是这样写的：

召父多遗爱，羊公有令名。
衣冠列祖道，耆旧拥前旌。
岘首晨风送，江陵夜火迎。
无才惭孺子，千里愧同声。

太多的典故，无非就是狠狠地夸韩朝宗。有趣的是后面两句"无才惭孺子，千里愧同声"，这里有两个典故得先弄清楚。"孺子"乃后汉末期处士徐稚的字，徐稚曾受到后汉末期洪州刺史陈蕃的礼遇。《后汉书》里有一篇专门的《徐稚列传》，是这样记载的：

徐稚字孺子，豫章南昌人也。家贫，常自耕稼，非其力不食。恭俭义让，所居服其德。屡辟公府，不起。时陈蕃为太守，以礼请署功曹，稚不免之，既谒而退。蕃在郡不接宾客，惟稚来特设一榻，去则县之。后举有道，家拜太原太守，皆不就。

陈蕃之爱才惜才，徐稚之品德高尚，也是一段佳话。所以，这句诗可以这样理解：孟浩然把自己比作徐稚，把韩朝宗比作陈蕃。徐稚受到陈蕃的厚爱，而自己没有像徐稚那样的品德，却也得到韩朝宗的厚爱。因此，孟浩然满怀感激与愧疚之情。

"千里愧同声"则更是表达孟浩然的感激之情。《易经》里说，同声相应，同气相求。水流湿，火就燥。即同样的声音能产生共鸣，同样的气味会相互融合。也就是说，虽然相隔千里，但韩朝宗将我视为"同声"，我感到很惭愧啊。

看看，这韩朝宗是多么爱才的一个人呀！孟浩然和韩朝宗是铁哥们儿啊。

有孟浩然的引荐，有韩荆州之好才，又是前宰相的孙女婿，又有盖世的才华，当是天时地利人和，李白当大鹏展翅，一展平生抱负。只可惜，一篇《与韩荆州书》，成为文学史上千古名篇，也让韩朝宗成为千古名人，却并没有让李白谋得一官半职。

这中间，到底出了什么问题？

再一起学习一下这篇千古雄文的中间两段：

白，陇西布衣，流落楚汉。十五好剑术，遍干诸侯；三十成文章，历抵卿相。虽长不满七尺，而心雄万夫。王公大人，许与气义。此畴曩心迹，安敢不尽于君侯哉？

君侯制作侔神明，德行动天地，笔参造化，学究天人。

幸愿开张心颜，不以长揖见拒。必若接之以高宴，纵之以清谈，请日试万言，倚马可待。今天下以君侯为文章之司命，人物之权衡，一经品题，便作佳士。而君侯何惜阶前盈尺之地，不使白扬眉吐气，激昂青云耶？

好个陇西布衣，心底波澜，笔下雄文！

李白这小子一点儿也不谦虚，学学孟浩然，讲几句谦虚的话，难道会掉两斤肉？

可他偏不。一方面，牛皮吹得天响；一方面，马屁也拍得天响。

这样的人，韩朝宗敢要吗？韩朝宗大概想说的是，不是你疯了，就是我疯了。

而后来一而再再而三的事实证明，韩朝宗不敢要是对的，连后来的唐玄宗也不敢要，韩荆州更要不起。李白只能哪里凉快哪里待着去。

李白的浪漫诗人气质，与封建王朝的宏图伟业格格不入。好好写诗去吧。可李白，偏偏不是一个正经写诗的人。贾岛"两句三年得，一吟双泪流"，卢延让"吟安一个字，捻断数茎须"，就连他的兄弟杜甫，也是"为人性僻耽佳句，语不惊人死不休"。李白不。自负的李白，永远学不会自谦。李白就爱拼命地写干谒诗，又偏偏不会像朱庆余那样谦卑地问"画眉深浅入时无"。

看他的《上李邕》：

大鹏一日同风起，扶摇直上九万里。
假令风歇时下来，犹能簸却沧溟水。
世人见我恒殊调，闻余大言皆冷笑。
宣父犹能畏后生，丈夫未可轻年少。

　　李邕是唐朝著名的书法家，声名显赫，可李白一点儿也不客气啊，这不是活脱脱一个孙猴子吗？只差一根金箍棒，李白就可以称齐天大圣了。

　　想想，王耀庆能读好《与韩荆州书》吗？有李白那么狂？有李白那么多才？还是，有李白那么多的悲愤与孤独？

　　没有谁能读好。自古至今，李白只有一个。

　　就像孙悟空只有一个。但是啊，孙悟空一个筋斗云，怎么也翻不出如来佛的掌心。孙悟空再怎么七十二变，也逃不了唐僧的紧箍咒。《西游记》里，最悲剧的人物莫过于孙悟空了。这石猴，本是天地精华所生，好不容易拜个师父，赐个名字却叫"悟空"。何为悟空？怎么悟空？为什么要悟空？他"悟空"的时候，就注定他的悲剧了。

　　让王维去"悟空"吧，李白不能。

　　不能"悟空"的李白，一辈子也是个悲剧。

他有再高的理想,也只能任由人控制命运。他有再多的才华,也只能含泪写些屈辱的文章。诗酒入愁肠,老了青春,误了年华。

杜甫是唐代诗人里有名的"愤青"。杜诗之悲与李诗之愁,是唐诗的最璀璨的风景。杜诗之悲,是大时代之悲,于杜甫个人而言,其人生经历或许远远没有李白这样丰富。杜甫之悲,能懂。李白之愁、之痛苦、之孤独,却没人能懂。

谁能理解李白?

他的妻子,被一些研究专家称为"伉俪情深"的紫烟能理解李白的痛苦吗?后来的宗氏,被称为"情投意合"的宗氏,能理解李白的痛苦吗?

除了《与韩荆州书》,李白在安陆时期的文章,看得人血泪横飞的,当数《与安州李长史书》。每读一次这篇文章,就多一分对李白的恨。骨子里的,对这个读书人的恨。再读一次,这种恨,就会生出无数的怜悯。一千多年过去了,无论是乱世还是盛世,所谓知识分子的生存尴尬与无奈,甚至像李白一样的不得不低下高贵头颅的痛苦无所不在。

史载,开元十七年(729年),李白在安陆因酒醉未回避李长史之乘驾,冒犯了官威,受到李长史的训责。按照《大唐律》,李白这种行为属于犯上作乱,必须从重处罚。处罚还在其次,最要紧的是,得罪了地方长官,于一心想要出人头地的李白而言,等于是堵住了自己的一条出路。李白这一吓啊,酒被吓醒了,赶紧写了一封检讨书,这就是《与安州李长史书》。

看看有着一身傲骨的诗人李白是如何写这一封检讨书的:

白,嶔崎历落可笑人也。虽然,颇尝览千载,观百家,至于圣贤,相似厥众,则有若似于仲尼,纪信似于高祖,牢之似于无忌,宋玉似于屈原。而遥观君侯,窃疑魏洽,便欲趋就,临然举鞭,迟疑之间,未及回避。

…………

检讨书的第一句,李白就说,我李白,是傲岸不俗仪态俊秀又有点儿荒唐可笑之人。检讨书第二句开始为自己辩解:我博览群书,遍观百家,发现那些圣人贤者,相似的很多,比方说,宋玉和屈原就很像,等等。检讨书的第三句,李白顺理成章地施展其拍马之术:而君侯你呢,就像北朝的魏洽啊,于是我趋步上前拜谒,想不到惊动了你的大驾,没有及时回避。

检讨书接下来还吹捧："陆机作太康之杰士，未可比肩；曹植为建安之雄才，惟堪捧驾。"意思是说，陆机是晋太康时期的杰出文士，与君侯你也无法相比；曹植是建安时期的斯文大家，也只配给你侍候笔墨。

不止如此，李白还把自己比成螳臂当车的无知者，比老鼠还不如的流氓痞子，不知所谓的下等人。

这是一个真实的、孤傲的李白吗？这就是那个"天子呼来不上船，自称臣是酒中仙"的李白？是谁让一个诗人的灵魂蒙羞？是谁让权力的鞭子抽打诗人高傲的头颅？这种羞辱，在唐诗的星空里，闪着寒光。

李白的《与韩荆州书》及《与安州李长史书》，都是文学史上的名篇。魏晋时期，有一封书信同样是文学史上的名篇，这就是"竹林七贤"之一的嵇康写的《与山巨源绝交书》。"竹林七贤"的行事作风与生活方式也是李白所羡慕的，他甚至曾仿效"竹林七贤"，与著名的孔巢父等六人在山东泰安徂徕山下的竹溪隐居，号称"竹溪六逸"。陆游在《感事六言》一诗里写道：

李白嵚崎历落，嵇康潦倒粗疏。
生世当行所乐，巢山喜遂吾初。

在这里，陆游表达了自己希望像李白、嵇康一样，及时行乐，过闲适恬静的生活。可事实上，李白与嵇康有很大的性格差异，其人生志趣也大不一样。嵇康的朋友山涛要升官了，就推荐嵇康接替自己。嵇康不干，不止不干，还要和山涛绝交，洋洋洒洒写下流传千古的《与山巨源绝交书》。在这封信里，嵇康说自己之所以不愿意当官，是因为有七件自己不能忍受的理由。看看是哪些理由：

卧喜晚起，而当关呼之不置，一不堪也。抱琴行吟，弋钓草野，而吏卒守之，不得妄动，二不堪也。危坐一时，痹不得摇，性复多虱，把搔无已，而当裹以章服，揖拜上官，三不堪也。素不便书，又不喜作书，而人间多事，堆案盈机，不相酬答，则犯教伤义，欲自勉强，则不能久，四不堪也。不喜吊丧，而人道以此为重，已为未见恕者所怨，至欲见中伤者；虽瞿然自责，然性不可化，欲降心顺俗，则诡故不情，亦终不能获无咎无誉如此，五不堪也。不喜俗人，而当与之共事，或宾客盈坐，鸣声聒耳，嚣尘臭处，千变百伎，在人目前，六不堪也。心不耐烦，而官事鞅掌，机务缠其心，世故烦其虑，七不堪也。

嵇康的理由是自己爱睡懒觉不能早起，抓虱子不方便，不喜欢看公文，等等。

这不是理由，这是一篇与污浊官场的宣战书。

把嵇康与李白相比较，不是要分出文章与人品的高下，只是更能看出，李白性格的复杂性与不确定性。勿论人品，从内心的强大与宽广及人格独立来讲,嵇康有更多可圈可点之处。但即便如此,也不影响李白作为一个诗人的伟大。

狂傲的嵇康不容于世俗,狂傲着又妥协着的李白,也不容于世俗。认认真真地活着,真难。

回过来想,李白的所作所为,太符合他的性格与当时的生活处境了。一心出人头地,不惜捆绑婚姻,说到底,不管拥有怎样的诗名,他就是一个"倒插门"女婿而已。

他有再高的理想,也只能任由人控制命运。

他有再多的才华,也只能含泪写些屈辱的文章。

诗酒入愁肠,老了青春,误了年华。

于是,就懂了742年那一次的"仰天大笑出门去,我辈岂是蓬蒿人"。这是一种压抑得太久后的癫狂与自卑得太久后的狂妄。天才李白,与多少年后愚蠢的范进有何区别?

于是,就懂了李长之在《道教徒的诗人李白及其痛苦》里引用的尼采的那句诗:

我长,我长得寂寞了,我长得这么高——
我等待,可是我什么也等待不着。

一千多年后的懂,李白听不到了。

作为他的妻子,许氏夫人懂了吗?宗氏夫人懂了吗?

十

傲骨、媚骨、反骨

都说人生难有几回搏,都说最美还是夕阳红,都说老夫聊发少年狂,他甚至没有看清前面是雨天还是晴天,是阳关大道还是羊肠小道——李白豁出去了。

自古至今的所谓文人,很多都是集傲骨、媚骨、反骨于一身的。

傲是一种文人精神,媚是一种处世哲学,反是一种生存法则。

唯傲,才有其人格的独立性。唯媚,才显生存之不易。唯反,才有破又有立。傲骨、媚骨、反骨,成就多姿多彩的人生。李白的骨头是什么样的呢?

在李白身上,傲骨、媚骨、反骨是亲兄弟。

李白蔑视世俗的道德,张扬自己的个性,但他又极尽阿谀奉承之能事,用广东话来说,或许就是"我钟意,你吹咩?"

"你吹咩"是我这湖南蛮子落草广东后最欣赏的一句粤语。湖南人说"呷得苦,霸得蛮,打碎牙齿往肚里吞",湖南骡子就这点儿狠劲。在我有限的见识里，广东人似乎不是喜欢张扬不是那么傲慢的，精明、实在才是广东人的性格。但一句"你吹咩"，广东人温和的拽劲就出来了。对，就是"拽"。

其实，讲这句话，是要配合湖南骡子的肢体动作和脸部表情的。声调要高，眼神要狠，头要扭得霸气。江浙人讲不好这句话，吴侬软语讲起来软绵绵的，话还没讲完，人家怕是一板砖早拍你头上了。广东人拥有这句话的版权，有点儿拽，但拽得不够彻底，语调里有蔑视，有任性，但这效果，总有点儿像广东人的白切鸡，看起来血淋淋的，却远远没有湖南辣子鸡那样的震撼力。

想起一个广东人的杰出代表。1892年7月，26岁的广东人孙中山从香港西医书院毕业，成为一名医生，据说医术还不错。但孙中山的兴趣明显不在医人上，他的兴趣在医国。医国的孙中山起初并不想造反。1894年，书生孙中山写出洋洋洒洒长达八千多字的《上李鸿章书》。当时李鸿章担任直隶总督兼北洋大臣，还曾经同意孙中山上京候缺。孙中山的老师康德黎也称赞李鸿章是"中国之俾斯麦"。《上李鸿章书》并不是文学史上的范本，但其政治意义非同小可，细细读来，或许孙中山对李白的《上韩荆州书》是认真研读过的。不妨录一两段：

窃文籍隶粤东，世居香邑，曾于香港考授英国医士。幼尝游学外洋，于泰西之语言文学，政治礼俗，与夫天算地舆之学，格物化学之理，皆略有所窥，而尤留心于其富国强兵之道，化民成俗之规；至于时局变迁之故，睦邻交际之宜，辄能洞其阃奥……

窃尝深维欧洲富强之本，不尽在于船坚炮利、垒固兵强，而在于人能尽其才，地能尽其利，物能尽其用，货能畅其流。此四事者，富强之大经，治国之大本也。我国家欲恢扩宏图，勤求远略，仿行西法以筹自强，而不急于此四者，徒惟坚船利炮之是务，是舍本而图末也。

…………

孙中山这封干谒书，开篇学李白，但和李白相比，孙中山一点儿也不"拽"，全是广东人的温和。说白了，青年孙中山和李白一样，读了几年子曰诗云，又喝了"洋墨水"，就想着要谋个一官半职。儒家的入世思想，往大了说，是要"齐家治国平天下"，往小处说，就是要"学而优则仕"。所以，著名历史学家胡绳在他的《从鸦片战争到五四运动》里说："孙中山的上书也显然绝不是为了革命，而是如同从来的读书人一样——求知于当道。"

这个说法很大胆，也很实在。《上李鸿章书》与一千多年前的《与韩荆州书》一样，本质上就是一封干谒之书。当时的李鸿章，正忙于练兵，而且似乎也不是那么礼贤下士。而且在李鸿章看来，这个二十多岁的医生，哪有多少经天纬地之才？李鸿章根本没把这个广东人看在眼里。他肯定认为，广东人掀不起多大的浪花。他忘记了，太平天国就是从广东把火烧起来的。如果李鸿章稍微细想一点儿，晚清多苟延残喘几年也未可知。

但李鸿章犯了个历史性的大错误。他真没想到广东人还有"拽"的一面，"一言不合就开撕"。1894年11月，孙中山在檀香山组织兴中会，1895年2月，又在香港成立兴中会。从此，孙中山和清政府"撕"起来了。

中国历史从此改写。

一句"吹咩"，扯得太远。回到李白。李白之"吹咩"，一次又一次地表现在诗文上，其用情之深，不得不让人怀疑他的动机。对宗楚客这样臭名昭著的前宰相，李白也不惜一次又一次赞美，与其说是讨老婆的欢心，不如说，正是李白自己矛盾性格的真实写照。

用情若此，有唐一代的诗人，恐怕只有李白能做到。媚骨和傲骨，都赤裸裸地体现在李白的诗歌中。他敢于"吹咩"，但在唐王朝强大的封建势力面前，他又一点儿也"拽"不起来。李白的身上，不止有媚骨和傲骨，还有反骨。反骨，是对既有生存状态的否定，也是对出人头地的强烈渴望。细细分析，李白的所有干谒，李白的两次婚姻，似乎都是为"造反"这一天的到来而准备的，就像孙中山的造反一样，抛开主义不说，性质是一样的。机遇只给有准备的人，和孙中山不同的是，李白自始至终只是一个有点儿狂傲的书生，他自比大鹏，但他至死也不明白，书生永远不懂政治，即使他以自己的爱情、自己的婚姻作为赌注。

他一辈子，都在等待机会。终于，李白等来了人生最后一次机会。

757年，57岁的李白距离自己62岁的人生终点已经不远了，但他终于也"拽"了一次。都说人生难有几回搏，都说最美还是夕阳红，都说老夫聊发少年狂，他甚至没有看清前面是雨天还是晴天，是阳关大道还是羊肠小道——李白豁出去了。

李白前面五十多年的准备，都是为了这一次的"拽"。742年时，虽然也"拽"过一次，但距离李白的"大鹏一日同风起，扶摇直上九万里"，至少还相差八万九千九百九十九里。

757年，李白打通了这最后五百米——他跟着永王李璘"造反"了。

这一反，大诗人李白有了从军的历史，有了流放的历史，有了跟皇帝唱对台戏的历史，这名为自己的理想矢志不渝愈挫愈勇的斗士诗人，最终，在流放夜郎的路上，受尽了人生最后的折磨。

22

李白一直相信自己也拥有一支像鲁仲连那样的箭。只要他这一支箭射出去，天下安定，即可"谈笑凯歌还"。

755年，"安史之乱"爆发，安禄山和史思明的叛军一个月攻陷洛阳，几个月便打到潼关，长安危在旦夕，唐玄宗仓皇出逃。

唐朝的制度还蛮完善的，即使在出逃路上，也严格实行了问责制。唐玄宗在众大臣的力迫之下，找不到临时工，只好找了那个著名的胖女人做替死鬼，赐死杨贵妃。

马嵬坡上，演绎千古悲情。"回眸一笑百媚生，六宫粉黛无颜色"的杨贵妃，至死也想不明白自己一个女人和一个帝国的兴亡有什么关系。

兄弟如手足，妻子如衣服。自己不强大，哪怕你投靠的男人再强大，纵然"三千宠爱在一身"，也保不住香消玉殒。这个简单的真理，自古至今的红颜们，虽然前仆后继，但一直没能沐浴到真理的哪怕一丝曙光。

在这一幕历史剧里，李白也只是一个"临时工"。

756年，唐玄宗第三子，太子李亨在灵武宣布继位，是为唐肃宗。李亨尊称唐玄宗为太上皇，生米煮成熟饭，唐玄宗也没办法。757年，唐玄宗的第十六子，唐肃宗李亨异母弟弟永王李璘起兵于江陵，拉起对抗肃宗的大旗，号称"永王东巡"。

这时李白在哪里？在庐山，携妻子宗氏躲避战乱。

庐山是个好地方啊。李白差不多想在这里安享晚年了。如果把李白一生标出几个重要的年份，最重要的当是以下三个：725年，出蜀；742年，征诏长安；757年，跟随永王东巡。755年，"安史之乱"即将爆发，一直汲汲于仕途的李白，却敏锐地嗅到了很多的东西。为避战乱，李白携妻匆匆忙忙逃往庐山。"安史之乱"让李白与宗氏夫人在婚后第一次有了真正的谈诗论道度逍遥时光的几个月。

这一年，李白54岁，应该说，已经到了人生的晚年。纵观李白人生的各个时期，与宗氏夫人避乱庐山的时期，理应是他人生最具出世思想的时期。庄子曰："万物皆出于机，皆入于机。"几方面的机缘，都应该促成李白人生最后的决定：归隐于山林还是奔波于仕途。一是性真：放浪形骸，移情山水。二是心累：仕途受挫，心灰意冷。三是身累：人之将老，年龄使然。四是爱情累了，需要修补。他放达豪迈，却常常"举杯消愁愁更愁"。他的愁，有家国之愁。空有一腔报国志，却无半条华山径。为了这半条华山径，爱情与婚姻何尝不是他的赌注，活过半个多世纪，反思前半生，在一次一次的孤寂时分，他一定对许氏怀有深深的愧疚。现在，面对宗氏，他生命中的最后一个女人，他或许希望自己真的可以做些什么。

历史专爱找李白这样的人开玩笑。

永王派手下谋士三次上庐山，请李白下山。天真的李白根本无法看到这一政治斗争的吉凶。从725年出蜀，他等这一天整整等了22年了。人生有多少22年，多少委屈，多少不被信任，都烟消云散。他想不到，这么大一个馅饼，突然就这样从天上砸下来了。还忸怩什么呢，李白兴冲冲地下山了。

但李白的老婆宗氏不同意。

宗氏不同意李白加入永王的幕府，不是宗氏比李白更明白眼前的局势，而是宗氏比李白更能参破人生。宰相家的女子，见惯了荣华富贵，也习惯了门庭冷落，洗尽了铅华，也漂白了岁月。而李白，永远是一个书生意气的理想主义者。临别之前，李白连写三首诗给宗氏，读其诗，想其人，其踌躇满怀、急不可待、意气风发，十多年前那个被征诏长安的李白又满血复活了。

读一读其《别内赴征三首》第二首，或许，更喜欢这个李白了：

出门妻子强牵衣，问我西行几日归？
来时倘佩黄金印，莫学苏秦不下机。

从《诗经》读到获鲁迅文学奖的伟大的打油诗，没有一个诗人比李白更可爱。这首诗，读出的不仅是李白的才气、豪迈之气，还少见地读出李白的呆气、迂腐之气。李白说：临出门，妻子拉着我的衣裳追问，这次西去，什么时候才可以回家啊？我回答说，如果我回家的时候佩带着宰相的黄金印章，你不要认为我太庸俗而不理睬我了，连纺机都不下。

他还想当宰相呢。

李白在这里反复用了苏秦的典故。《史记》载：

苏秦游秦，秦不用之而归，金尽而裘敝，至家中，妻不下机，父母不与言。秦及夜出书读之。夜深欲睡，以锥刺其股。一年而学成，遂为六国相。

李白要学苏秦，不然，这一身的本事，白白浪费了。再看看李白写"安史之乱"的诗歌，也很可以为这个书呆子掬一把欢乐的眼泪。

写"安史之乱"的诗歌，流传最广的是杜甫的"三吏""三别"。杜甫是真正的人民诗人。杜甫之忧，是大时代里一个知识分子对弱小生命的无限同情；杜甫之愁，是对铁蹄下国家前途命运的叩问，是鲜血化成的泪水，是骨头敲碎的伤痛。

"吏呼一何怒，妇啼一何苦"，面对"安史之乱"，杜甫洒的是同情之泪，有的是控诉、愤怒、忧愁。李白也有忧愁。但作为战士的李白，或者，作为野心家的李白，"安史之乱"一来，说他内心兴奋不已也不为过。他像一头猎犬，敏锐地嗅到了猎物的气息。他在心里想的或许是：嘿，我的机会终于来了！

这一点儿也不冤枉李白。看李白在躲避战乱途中所作的《奔亡道中五首》之三：

谈笑三军却，交游七贵疏。
仍留一只箭，未射鲁连书。

李白一生仰慕的，是齐国的鲁仲连。战国时期，燕将据守齐国聊城，齐久攻不下，齐人鲁仲连乃射一箭书信入聊城，燕将见信之后自杀，聊城不攻自破。李白认为自己就是鲁仲连，谈笑之间，就可以使叛军退却。

好个书呆子"鲁仲连"。读了李白这首诗，很多的谜团迎刃而解。李白为什么执意要下庐山参加永王李璘的部队，宗氏反复相劝也没有用？因为李白一直相信自己也拥有一支像鲁仲连那样的箭。只要他这一支箭射出去，天下安定，即可"谈笑凯歌还"。

千百年来的诗人，读李白的诗，是最欢乐的。最重要的原因是，他一点儿也不像诗人，不像诗人的李白，不爱装。不爱装的诗人，后来又出了一个苏轼。

后来的后来，很多诗人也想当得不像诗人，也想不装。

他们不装，上帝都笑他们。

不爱装的李白，是一根筋的李白，毫无城府的李白，像三岁小孩一样的李白。他哪里知道王室倾轧、兄弟相残那些事？唯有这样的李白，才是更真实的李白。这样的李白，才是一个纯粹的诗人。悲剧的是，这傻傻的李白，他不甘心只做一个诗人。

事实证明，李白并不见得有多少军事才能，进入永王幕府，没多久就兵败被捕。

有趣的是，李白即使开玩笑，也念念不忘的是当宰相，而宗氏，并没有像苏秦之妻一样前倨后恭。李白在永王的幕府里前后待了约两个月，永王失败被杀，和永王在一起的几位"皆伏诛"，李白如丧家之犬，仓皇南奔，最后以附逆之罪被投入狱中，后得宗氏周旋及朋友帮忙，总算放了出来。摆脱牢狱之灾的李白，一身老骨头还没来得及彻底放松一下，噩运再次袭来，唐肃宗对永王事件再次追究，李白被判长流夜郎。

758年，李白自浔阳启程赴夜郎，宗氏特意前来送别。

这一年，李白58岁。折腾了一辈子，李白离他的人生终点也不远了。

十一

累累若丧家之狗

 从不远千里去安陆相亲开始,他就走上了丧家之狗的道路,步步为营,步步惊心,奔波的路上有寄人篱下,有摇尾乞怜,有垂头丧气。

什么是李白的"得"?什么又是李白的"失"?两次与宰相孙女的婚姻,是否就是李白的"得"?

这道题,没有多少选项。若让李白自己来选,婚姻肯定不是入选项。但无论是"得"还是"失",跟随永王李璘的那几个月,肯定都毫无悬念入选。说不定,李白同志认为这是一道单项选择题。对,就是它了。

这几个月,李白是用一生储存的能量,轰轰烈烈地做了"丧家之狗"。李白的人生,需要有这样的一次"丧家之狗"的体验。

当了永王李璘的军师后,李白是想着要大干一场的。李白不知道,用"天生我材必有用"骗了我等多少有志青年,最后连同他自己也被骗了。

"我材"不一定有用,也不一定能用,人倒霉起来,喝凉水也塞牙。事实证明,"天生我材必有用"的李白,只是梦见了一注彩票号码,满怀希望下了个重注,这奖还没开呢,梦醒了。没几个回合下来,李白还来不及献上他的"谈笑三军却"之策,永王李璘就兵败山倒。

于是,举国皆知的唐朝著名诗人李白,见势不妙,赶紧逃跑。不知鞋子跑掉了没有,不知是否吓破了诗胆。后面追他的,是他的好朋友高适的部队。

从下山到跟随永王李璘征战再到逃跑,李白没提出几条退敌的锦囊妙计,但诗写了不少,有几首诗很有读头。

下山前写给宗氏的几首雄心勃勃的诗,即《别内赴征三首》,其中关于苏秦的那一首"来时倪佩黄金印,莫学苏秦不下机",值得一读再读。

56岁的李白,像小年轻那样,爱对自己说,梦想总是要有的,万一实现了呢。

苏秦就是实现了自己梦想的有志青年。

苏秦的妻子是典型的"会稽愚妇",每次看到苏秦出去游说两手空空而回,就知道这一次又是鸡飞蛋打了,就把他当作不存在,依然坐在织布机上织布,哪里还有什么小别胜新婚。后来,苏秦佩六国相印而回,衣锦还乡,父母、妻子、嫂子的态度全变了。苏秦问嫂子:"何前倨而后卑也?"苏秦的嫂子很可爱,一点儿也不扭扭捏捏,根本就用不着遮羞布,说:"以季子之位尊而多金。"苏秦感叹道:"嗟乎!贫穷则父母不子,富贵则亲戚畏惧。人生世上,势位富贵，盖可忽乎哉！"

李白最大牌的偶像其实不是陶渊明，不是谢安，也不是孟浩然，而是苏秦。

李白写这样的诗给宗氏，是大有深意的。

宗氏当然不是苏秦那个前倨后恭的妻子，可每次读到这首诗，总是为宗氏感到无限的悲伤。那个宰相府第的小姐，老了红颜，褪了相思，学会了孤独，承受了失意。本以为，"安史之乱"把她朝思暮想的李白送回了身边，可没多少天，这个男人又要走了。只有她深深地了解这个男人。这个男人，仅仅是个意气用事的书生而已，没有太多的世俗之心，空有一腔报国之志。不错，她爱的就是这样一个男人，纵然有很多缺点，但无心机，有才华。

然而，她又不了解这样一个男人，为什么总要这样汲汲于功名。他于功名，就像一个赌徒。他把自己的一生都赌上去了，包括爱情。他已经有负于许氏，现在，他又要有负于宗氏。除了那一次成为他一生最经典的一段长安岁月，他的一门心思，都放在跟随永王这样一件宏伟事业上了。一路上，他连写十首《永王东巡歌》，气势雄壮，一吐人生五十年之豪情。最后，他写道：

> 试借君王玉马鞭，指挥戎虏坐琼筵。
> 南风一扫胡尘静，西入长安到日边。

这才是男子汉的事业啊。可惜,李白的这种事业,永远只能在诗里。他在永王军中总共不过一个多月,永王兵败后,他逃到彭泽时,被唐肃宗李亨的军队抓住。

很难想象著名诗人被抓住时的那副狼狈之相。《史记·孔子世家》记载,当年,孔子到邻国去,与弟子走散了,孔子站在城墙东门前发呆。有人对孔子的弟子子贡说:"东门有人,其颡似尧,其项类皋陶,其肩类子产,然自要以下不及禹三寸,累累若丧家之狗。"

孔子的学生子贡把邻国人形容孔子长相的话学给老师听。孔子听了大笑,欣然答曰:"形状,末也。而谓似丧家之狗,然哉!然哉!"意思是说,把我的外貌说成尧、皋陶、子产那样的圣人,那实在是比不上。不过说我是丧家之狗,确实是这样,确实是这样啊。

李白就是这样的一条丧家之狗。从不远千里去安陆相亲开始,他就走上了丧家之狗的道路,步步为营,步步惊心,奔波的路上有寄人篱下,有摇尾乞怜,有垂头丧气。

李白一路逃跑的时候,不知有没有想到孔子关于丧家之狗的这个故事。然而李白终究不是孔子。生于西域的李白的儒家思想很值得考证,后人也说法不一。李白说:"我本楚狂人,凤歌笑孔丘。"很有点儿看不起孔子的味道。而李白的所有自尊、自信、自负的性格,当是受春秋以来先秦士人的影响最大。

李白从来没要求自己是个圣人,即使是写诗,"诗圣"

的名字也是被杜甫拿去了。李白是自负的战士，是自狂的诗人，当他经历一次又一次政治上的失意，他又把自负、自狂、自傲，化为自卑、自我放弃。

李白一生进行的两大事业是：游山玩水和幻想做官。归结起来无非就是出世和入世。附逆永王被捕后，本来要问斩的，幸亏郭子仪出面讲好话，最后才被改判为流放夜郎。这流放也够狠毒的，你不是喜欢游山玩水吗？这次就让你游远一点儿。你不是喜欢歌颂祖国大好河山吗？这次让你去那鸟不拉屎的地方多写几首诗。这一年，李白多大年纪呢？快60岁了。

夜郎有多远呢？在唐朝，比永远还远。

常常想，如果李白真去了夜郎，这于李白，于诗歌，于夜郎，都将是一种怎样的幸福与幸运？

也许，那一块还没有开化的土地，才是天真的诗人最适宜的居所！

24

> 他是一个追风的少年,不知风从哪边来,只要看见有风,拔腿就追,最后被风刮得晕头转向。

夜郎没有等来李白。

命运又一次和李白开了玩笑。走到半路,传来消息,李白被赦,重获自由。李白欣喜若狂,坐着快船吹着口哨看着美景往回赶,"两岸猿声啼不住,轻舟已过万重山"。

但他似乎,还是更愿意做一条"丧家之狗"。

孔子周游列国时,来到楚国游说楚王。有个叫接舆的楚狂人,在孔子车旁唱道:"凤兮凤兮,何德之衰?往者不可谏,来者犹可追!已而已而,今之从政者殆而!"嘲笑孔子沉迷于做官,用凤凰来比孔子,说:凤凰啊凤凰啊,你的道德怎么衰败到这个地步了啊。在这个无道乱世你还出来干什么啊?接下来他又劝孔子:过去犯的错犯了就犯了吧,但是未来还很漫长,还是来得及改正的,不要跟着他们瞎跑了。

作为纵横家的李白,以及作为儒家入世的李白,骨子里就是个沉迷于做官的人。作为读书人和深受道家出世思想影响的李白,骨子里那种狂,却比十二级台风还狂。李白那颗撕裂的心里，从来没有"迟日江山丽"，也从来没有"夜尽春山空"，他的心里啊，时时刻刻"千树万树梨花开"。

李白曾以楚狂人自比。"我本楚狂人，凤歌笑孔丘。手持绿玉杖，朝别黄鹤楼。"他决心从此以后就要游山玩水远离政治了。一方面想做孔子，成就大业；一方面想做接舆，快意人生。他是最清醒者，又是最糊涂者。他这种"保证书"式的清醒诗歌，是愤激，更是无奈。

他到底做不了一个彻底的狂人。他一辈子，就做一条"丧家之狗"。他是一个追风的少年，不知风从哪边来，只要看见有风，拔腿就追，最后被风刮得晕头转向。

看看真正的狂人接舆是怎样做狂人的。

当年，楚昭王听说接舆很有才能，派使者带着百镒黄金、车马二驷去聘请他当官治理江南，但被接舆拒绝，使者只得把礼物放在接舆的家门口。最有趣的是接舆的妻子，对接舆说："先生少而为义，岂将老而遗之哉？门外车轶，何其深也！……君使不从，非忠也；从之，是遗义也。不如去之。"

知夫莫若妻，接舆的妻子也是个活宝。这两个活宝，说到做到，果然就跑了，两人隐居到峨眉山去了。

李白一直在往狂人的路上走，走着走着，他又折回来。

李白37岁那年，曾与孔巢父、韩准、裴政、张叔明、陶沔在徂徕山的竹溪隐居，与"竹林七贤"一样，纵酒酣歌，啸傲泉石，这就是有名的"竹溪六逸"。其中的孔巢父,是孔子的第37世孙,与李白都是当世名士。永王李璘起兵时,到处网罗名士,也派人去请孔巢父,可孔巢父就是不肯出山。孔巢父不是不想成就事业,可他有清醒的政治头脑,知道什么可为,什么不可为,什么时候可动,什么时候不可动。孔巢父后来果然出来当官了,李白去世时,孔巢父已官至御史大夫,相当于今天的中纪委书记了。

李白真的不清醒吗?他是太清醒了。汲汲于功名,使他有着政客的清醒,然而,又有着诗人的糊涂。

李白被捕后,陷浔阳狱。这大概是他下山前没想到过的,于李白个人而言,他此时应该清醒地认识到,政治不是他这种天真的诗人可以玩的。王维可以玩,高适可以玩,但李白不能玩。

身陷浔阳狱时,夫人宗氏利用关系上下奔走,也得到了很多朋友的帮助,特别是江南御史中丞宋若诗,很欣赏李白的才华,不仅积极为他昭雪,还让李白参加了自己的幕府,还竭尽全力向唐肃宗推荐李白。

有才的人就是不一样,李白因祸得福,又一次迎来了人生最重要的机遇,尽管这时已垂垂老矣。这一次,他该有怎样神奇的表现呢?当然,像《与韩荆州书》一样,洋洋洒洒写一封信呗。

这一次,李白写了一篇《为宋中丞自荐表》。这封信,是李白代替中丞宋若诗写的一篇向唐肃宗推荐自己的信。郭沫若在《李白与杜甫》里说:"这篇《荐表》绝不是李白的代笔,甚至是否经过李白看过,都值得怀疑。但为什么又成了李白的代笔呢?我看,这是当时肃宗朝廷里面认为李白该杀的一批人任意栽诬。"

猜想永远只能是猜想,而更多的学者认为,这笔调,就是李白的文章。只是李白对天下大势的分析迂拙而不切实际。不妨读一读李白人生最后一篇写给官僚机构的雄文:

臣某闻:天地闭而贤人隐,云雷屯而君子用。臣伏见前翰林供奉李白年五十有七,天宝初,五府交辟,不求闻达。亦由子真谷口,名动京师。上皇闻而悦之,召入禁掖,既润色于鸿业,或间草于王言。雍容揄扬,特见褒赏。为贼臣诈诡,遂放归山。闲居制作,言盈数万。属逆胡暴乱,避地庐山,遇永王东巡胁行,中道奔走,却至彭泽,具已陈首,前后经宣慰大使崔涣及臣推覆清雪,寻经奏闻。

第一段,老套路,李白愉快地回顾了当年名动京师的光辉历史。然后,李白又开始施展纵横家吹牛不纳税的本事,像"富二代"在美女面前数自家的钱一样,把自己的才华结结实实夸了一遍:

臣闻古之诸侯,进贤受上赏,蔽贤受明戮。若三适称美,必九锡先荣,垂之典谟,永以为训。臣所荐李白,实审无辜。怀经济之才,抗巢由之节,文可以变风俗,学可以究天人。一命不沾,四海称屈。伏惟陛下大明广运,至道无偏,收其希世之英,以为清朝之宝。昔四皓遭高皇而不起,翼惠帝而方来。君臣离合,亦各有数,岂使此人名扬宇宙而枯槁当年?传曰:举逸人而天下归心。伏惟陛下,回太阳之高晖,流覆盆之下照。特请拜一京官,献可替否,以光朝列,则四海豪俊,引领知归。不胜凄凄之至,敢陈荐以闻。

在我看来,这样的文章,绝对是只有李白才写得出的雄文,与当年那篇《与韩荆州书》一脉相承。

李白这篇文章写于757年。57岁的李白在经受人生的大挫折后,愈挫而愈勇,愈狂妄而愈显其真。李白说自己"怀经济之才,抗巢由之节,文可以变风俗,学可以究天人。一命不沾,四海称屈"。不错,这是只有李白才吹得出的牛皮。实际上,从李白几次重大的政治活动里,我们并没有发现他"怀经济之才",他就是狂而已。"狂"不是儒家精神的特征。孔子说:"知之为知之,不知为不知,是知也。"孔子还说:"三人行,则必有我师,择其善者而从之,其不善者而改之。"李白骨子里就是纵横家,纵横家是先把牛皮吹出去,吹出去为我所用。吹不吹破,不关我事。事实上,李白也是将纵横家的战术很巧妙地用在他的前后两次婚姻上,不管我们承不承认,事实就是如此。当然,这并不影响李白一再写诗表达对妻子的思念与爱。这就是李白的"真"。

纵横家的一个重要特点是朝秦暮楚，甚至翻手为云，覆手为雨。李白的这篇《为宋中丞自荐表》的第一段里，还有这么几句话："属逆胡暴乱，避地庐山，遇永王东巡胁行，中道奔走，却至彭泽。"这几句话，是后世的李白爱好者一直不愿意揭开的伤疤。

李白说，他跟随永王并非出于本意，而是受人胁迫，而且自己抓住机会，到中途就马上跑了出来，并弃暗投明了。白纸黑字的《永王东巡歌》一写就是12首，换了个主子，马上就要翻案了。这样的文章要说是杜甫写的，没人信。学者们肯定是李白写的，郭沫若也不信。郭沫若要为李白拨乱反正，也找不出有力的证据。郭沫若不容许他所热爱的李白居然有这样人格上的严重污点。

孔子说："三军可夺帅也，匹夫不可夺志也。"儒家亚圣孟子说："生，我所欲也，义，我所欲也。二者不可得兼，舍生而取义者也。"到了文天祥那里，则表现为"臣心一片磁针石，不指南方不肯休"。这些总结起来就是两个字：气节。

李白极为推崇凭三寸不烂之舌而最终佩六国相印衣锦还乡的苏秦，对于苏秦这样的人，孟子有一段精彩的论述：

是焉得为大丈夫乎？……居天下之广居，立天下之正位，行天下之大道。得志与民由之，不得志独行其道。富贵不能淫，贫贱不能移，威武不能屈。此之谓大丈夫。

孟子的"立天下"之说影响了一代又一代人，也是儒家知识分子引以为重的气节和立身之本。在孟子的眼里，苏秦这样的人是算不得大丈夫的。李白根本就不是正统的儒家知识分子，他什么家都不是，什么家都束缚不了他。

那么，李白重气节吗？不错，李白是最有气节的诗人。他说："安能摧眉折腰事权贵，使我不得开心颜。"但李白的气节，有时更多的是气话，气过之后，该怎么干还是怎么干。

有时我也想，李白的聪明之处，是否在于太过聪明。历史给予聪明者的机遇往往不多。

十二 庐山恋

25

那一条下山的路，56岁的李白，一定是绝尘而去。宗氏的爱情，也如那庐山的风，绝尘而去。

不知庐山的花花草草山山水水是否有知，记下一次次庐山恋。

李白还在流放的路上时，关于流放夜郎的诗就已经写了十多首。李白和大多数男人一样，得意时想红颜的千娇百媚，失意时想老婆的不离不弃，所以，这十多首诗里，有一首是写给老婆宗氏的：

夜郎天外怨离居，明月楼中音信疏。
北雁春归看欲尽，南来不得豫章书。

这首诗写于759年。脑补一下当时的场景：一个59岁的老人，千里流放，孤苦无依，当最后一只春归的雁消失在天际，诗人悲从中来，不知路在何方，不知家在何方，这时，最思念的，就是自己的妻子，而妻子，却一直没有信寄来。

四句诗里，两提书信。28字，写尽悲凉。不知宗氏读到这首诗有没有哭，哭李白还是哭自己？

那个"千金散尽还复来"的李白，那个"直挂云帆济沧海"的李白，老了。

这一辈子，跌跌撞撞，屡败屡战，娶了两个宰相的孙女做老婆，怎么就走到这一步了呢？这时，他最想的，就是收到妻子的书信。在很多个夜不能寐的晚上，他的脑海里，一定过电影一样，想起和许氏、宗氏的点点滴滴。

差不多同样时间的760年，因"安史之乱"而在外奔波流浪4年的杜甫，来到成都郊外的浣花溪畔，依靠亲友故旧资助建成一草堂。杜甫这年48岁，离开兵戈扰攘，享受天伦之乐，觉得人生的美好大概不过如此了，喜从中来，留下了生平难得的宁静之诗、闲适之诗：

清江一曲抱村流，长夏江村事事幽。
自去自来堂上燕，相亲相近水中鸥。
老妻画纸为棋局，稚子敲针作钓钩。
多病所须唯药物，微躯此外更何求。

其实，"丧家之狗"李白一直想过的，就是这样的田园生活啊。他的诗里，从来就没有儿女绕膝、老妻相伴的天伦之乐场景。

从757年李白被捕到760年流放夜郎被赦免，前后3年的时间,宗氏在干什么?少年夫妻老来伴,宗氏是赶不上少年夫妻之福了,可是作为一个女人,她还有老来伴的念想。从李白被捕起,宗氏利用自己相门之后的关系,上下奔走。流放夜郎前,宗氏又特意叫上自己的弟弟宗璟送了一程又一程。

从"千金买壁"到"千里送别",宗氏完成了从爱情的仰慕者到爱情的殉葬者的角色转换。

爱情的神话,可以在唐明皇那里永恒,可以在李商隐那里永驻,但在李白这里,永远只是个美丽的童话。

"安史之乱"爆发,李白匆匆从金陵跑回梁园,携妻子宗氏躲避战乱,最后上了庐山。

李白这次与宗氏避乱庐山,似乎在做着逍遥神仙的准备了。奔波了一辈子,李白的想法和杜甫一样,该给自己放个假啦。

李白对庐山情有独钟。一生三次上庐山,鄱阳湖畔那风景秀丽的庐山和潇洒风流的诗人,是那样气质接近。725年,李白初出西蜀,即慕名而登庐山。那一天想必天朗气清,缭绕的雾气也散去,少年才俊李白,挟一路漂流长江而来的豪气,写下了第一首"三千尺"的诗,以后,他的诗动不动就几千尺了。

二百多年后,1084年,一个叫苏东坡的诗人,也登上了庐山,写下"横看成岭侧成峰,远近高低各不同。不识庐山真面目,只缘身在此山中"。这位和李白一样豪迈,同样来自蜀地的诗人，却在山水诗里寄托着对社会人生的深深思考。在诗里寄托哲理，这一方面，固是宋人写诗的习惯，但另一方面，却也最能真切地反映出，同是浪漫主义诗人，李白与苏轼不同的人生选择。

假如庐山真有灵性，会不会让青年李白第一次登山时，就云雾缭绕，也让这位雄心勃勃的才子同样感叹"不识庐山真面目，只缘身在此山中"，让他多一份理智，少一份狂热，多一份清醒，少一份糊涂？

那一年，李白24岁。再归来，刚好是30年后。30年，一个王朝可以由盛变衰。30年，可以让一个暴躁的男人因为婚姻而温顺。30年，也可以让铜铁磨损。30年，李白娶妻，妻亡；再娶妻，征诏长安，赐金还乡，有过人生的巅峰，也经历过无数的屈辱与失落。少年夫妻老来伴，因为"安史之乱"，他携宗氏在庐山屏风叠修建了读书草堂，看样子，那颗漂泊的心，真的要安定下来了。从此不再做浪荡子，留在太太身边，给这段爱情，画个很圆满的句号。

也因此有了《赠王判官时余归隐居庐山屏风叠》。这首诗前面几句回忆了自己和王判官在一起的故事，然后来了李白之悲：

> 一度浙江北，十年醉楚台。
> 荆门倒屈宋，梁苑倾邹枚。
> 苦笑我夸诞，知音安在哉？

这里短短几句，典故很多，反复多读几遍，未经多少挫折，也没有多少鸿图大志之如我辈，突然也会有无数酸楚涌上心头。诗人说，自从北渡浙江以后，十年的时间都在楚地的宫殿楼台饮酒吟诗，日日买醉。我的才华啊，压倒了屈原、宋玉，也可以令邹阳、枚乘（汉代名士）倾倒。可是，这普天之下，谁又是我的知音呢？细细读来，想李白一世英名，满腹才华，突然也有了陈子昂登幽州台那千年一叹："前不见古人，后不见来者。念天地之悠悠，独怆然而涕下。"

李白接下来又写道：

大盗割鸿沟，如风扫秋叶。
吾非济代人，且隐屏风叠。
中夜天中望，忆君思见君。
明朝拂衣去，永与海鸥群。

"大盗"者，安禄山也。"济代"者，济世也。意思是说，如今时局动乱，叛军猖獗，像秋风扫落叶一样。而我，却不是那个可以拯救时弊的人，只好在这屏风叠隐居。诗的最后两句还说，明天我就要拂衣归去了，从此以后，永远都要隐居避世了。

雄心勃勃的李白真要退隐江湖了。

政治舞台上不缺少一个李白，但如果庐山的山山水水，能更多地留下诗仙与妻子缱绻缠绵的足迹、燕语呢喃的情语，这何尝只是宗氏之福、李白之福、庐山之福？

在庐山那读书草堂，满打满算，李白过了半年的隐居生活，与清风相邀，与明月共舞，这本正是李白所向往的，恐怕也是李白与宗氏结婚以来最惬意的一段生活。爱不是花前月下，但爱也确实需要举案齐眉、夫唱妇随。

计划不如变化快，永王李璘将李白人生最后的隐居生活与花前月下彻底搅乱了。

756年9月，永王李璘派谋士韦子春到庐山，邀请李白进幕府。李白没有答应。李白当然不会这么快地答应。

11月，韦子春第二次来到庐山请李白出山。李白还是没有答应。

12月，韦子春果然第三次来到庐山。好了，给足了面子。李白兴冲冲地下山去了。

就这样，一个想借李白的品牌拉大旗作虎皮，趁着这乱世也想做一回皇帝；一个是半辈子怀才不遇，不管青红皂白先上船再说。李白的政治智慧在这里等同于白痴。

那一条下山的路，56岁的李白，一定是绝尘而去。

宗氏的爱情，也如那庐山的风，绝尘而去。

千金买壁的时候，宗氏一定没想过，这个年长她这么多的男人，心里的热血永远像火一样，而所谓的道，只是遇到挫折时的一根救赎灵魂的稻草。

26

他奔放如长江之水，自由如庐山之风，没有一个女人的怀抱是李白温馨的港湾。

日本作家三好达治有一首《柔弱的花》：

早上开放的牵牛花，中午即谢
中午开放的旅花，晚上即谢
晚上开放的葫芦花，次晨即谢
生命虽短暂，却都有时间性
快快地回去，却不知该回到哪里

少年读此诗，索然无味。人到中年，再读此诗，内心里不知哪一根弦，就会突然被弹奏起来，甚至，崩然而断。

很多个夜晚，独倚窗前，梦回少年。

李白也要回去了。回到那个夜夜盼郎归的女人身边。

李白就是那柔弱的花。可他已经回不去了。

761年，李白和庐山又有一次依依不舍的牵手与送别。这一年，离李白去世只有一年了。

这一年，李白再送宗氏上庐山寻李腾空学道。

这是李白流放夜郎归来后的一次夫妻重逢。流放的路上，李白对妻子的思念如滔滔之长江、滚滚之黄河。有多少话，想要对妻子说；有多少委屈，要向妻子倾诉。还记得三年前义无反顾地下庐山投身于永王幕府时的那一场景吗？妻子拉着衣襟苦劝，李白却笑嘻嘻地说，老婆啊，你家李白终于要干不世之伟业了，"来时倘佩黄金印，莫见苏秦不下机"。

如今，终于归来。尘满面，鬓如霜。

看着眼前的老头，宗氏百感交集。和许氏一样，无数次望郎归，无数次抱枕难眠。多少痴情的话儿，早已在梦中诉说。多少难言的委屈，早已烟消云散。梁园墙上的诗还在吗？那颗爱恋的心啊，是否早已千疮百孔？

是该为爱情找一条通往天堂的路了。如果真有天堂，那里一定住着爱情，有诗和酒，有追风的少年在奔跑。

那个少年，会是李白吗？可宗氏明白，李白不是一个为爱情而生的人，他奔放如长江之水，自由如庐山之风，没有一个女人的怀抱是李白温馨的港湾。

她不明白，为什么这个男人总是这样不知疲倦。而她累了。她需要找一个地方，一缕轻烟，几卷残经，一抬头，一俯身，一天就过了，一辈子就过了。她选择去庐山学道。

李白呢，李白也会去吗？她知道答案。可她等着李白最后的回答。

是的，诗和酒都无法安放他的灵魂，但他对这世间，还有太多的眷恋。迟暮之年，人生坎坷，汲汲于一辈子的功名，学了一辈子的道，游了一辈子的河山，也曾"天子呼来不上船"，也曾"举杯消愁愁更愁"，身倦了，心累了。又一次翻山越岭来到庐山，庐山的山水都在召唤他，诗人的脚步也多次为庐山而停留。

从南昌动身，李白将夫人一路送到庐山。故事记载在《送内寻庐山女道士李腾空二首》里：

君寻腾空子，应到碧山家。
水舂云母碓，风扫石楠花。
若恋幽居好，相邀弄紫霞。

多君相门女，学道爱神仙。
素手掬青霭，罗衣曳紫烟。
一往屏风叠，乘鸾着玉鞭。

李腾空是什么人？李腾空有个父亲叫李林甫。李林甫给后人奉献了一个成语叫"口蜜腹剑"。对，李腾空就是大奸相李林甫的女儿。李白带老婆上山找李腾空，李腾空在庐山出家已经十多年了。

据说，李林甫25个儿子、25个女儿。李林甫出事后，很多儿子、女儿、女婿们都跟着他"鸡犬升天"了，唯独这李腾空，在庐山悠然做着她的道士，做着做着还成了一代名医。

宗氏也是相门之后，李白又是名倾一时的诗人，与李腾空有交往自然不在话下。这就好像，要好的几个朋友退休了，找个远离车马喧嚣的地方一起住下来，谈道炼丹，闻花赏月，写诗吟句。李白忍不住赞叹说："你如果喜欢这幽静的住处，就不妨一起住下来，与李道士一起修炼。"

然后，60岁的李白，转身而去。

转身而去，一道风景，一种悲怆，一面旗帜。这是一面快意江湖的旗帜。

想起那个叫弘一法师的音乐家、书法家、美术教育家以及风流才子，他在俗世的名字叫李叔同。1918年8月19日，李叔同在杭州虎跑寺剃度为僧。他的妻子找到他后，抱着还不会说话的孩子，在门口跪了三天三夜。可李叔同不为所动。

有些人，天天为挣脱痛苦而奔波。有些人，来到这个世间，天生就是为了来享受痛苦。弘一法师，用宗教，来超度痛苦。李白是个斗士，用无休无止的理想主义，来超度无边无涯的悲凉。

李叔同还不是弘一法师时，写了一首被誉为20世纪最优美歌词的《送别》：

长亭外，古道边，芳草碧连天。
晚风拂柳笛声残，夕阳山外山。

天之涯，地之角，知交半零落。

一壶浊酒尽余欢，今宵别梦寒。

他何尝不是写给自己的，在我看来，又何尝不是写给一千多年前的李白的。

其实，李白和宗氏的爱情，不是"送别"。李白和许氏安陆十年，如果用一个词来概括他们的爱情，就是"等待"。和宗氏，除了等待外，最揪心的场景，用一个词来概括，就是"目送"。说是"目送"，而不是"送别"，是因为李白去得坚决，走得义无反顾。

等待和送别是千古爱情的两个主题，"等"是一份思念，"别"是一道依恋。

于李白而言，"别"是英雄末路的悲壮。

于宗氏而言，当60岁的李白转身而去时，宗家小姐的眼里，是依依不舍的泪水，还是无比沧桑的荒凉？

这一段爱情，也行走到了尾声。

从憧憬、失落到放手，庐山都是宗氏爱情的滑铁卢。

十三

再说大悲凉

27

李白的痛，是建功立业的"少年心事当拏云"之痛，是"大道如青天，我独不得出"之痛。

李白的人生就是一场轰轰烈烈热热闹闹的大孤独。

他的孤独，来源于他的大欢喜、大悲凉。天才常常被自己绊倒，只有天才，才有这样的大孤独、大悲凉。

《南陵别儿童入京》算是李白人生最得意时的一首诗。"会稽愚妇轻买臣，余亦辞家西入秦。仰天大笑出门去，我辈岂是蓬蒿人"，四句诗里，有最得意忘形之态，有最踌躇满志之情，有最自负的心理，有最自恋的放肆，但也有最无奈、最深最深的悲凉。

悲凉自有对刘氏这一"会稽愚妇"的蔑视和快意的嘲笑。一个皇帝都垂青的大诗人，沦落到为了一个村妇而计较而破口大骂。悲凉还来自那"仰天大笑"，寻寻觅觅这么多年了，牺牲了知识分子的尊严，低声下气写所谓的干谒之诗，娶宰相之孙女，将就刘氏之恶俗，"仰天大笑"是潇洒的李白对人生不如意的最大的反讽。

很多很多的时候，他其实笑不出来。他把自己放得很高，在俗世的风尘里，看似潇洒，却一条道走到黑。他甚至不想，或者是不敢，去拥有刻骨铭心的爱情。他年轻闯荡金陵时，也为那个叫作金陵子的美丽女子写过很多美丽缠绵的诗歌。

如果真有那迷死人的爱情，那迷死人的小妖精，当是金陵子无疑。

726年，李白游金陵，遇到了一个让他倾心不已的歌妓，这个歌妓就是金陵子。

金陵子美不美？她像天上的一片落霞，跟随情人一起渡过西江的流水，用吴语唱楚歌，声娇字不正，似能非能最是有情。年轻的李白，浑身都有了酥酥的感觉。

风流诗人与绝色歌妓，是唐文学里最为耀眼的两颗星。少年李白，携妓而游一点儿也不奇怪。金陵子，成为李白诗歌里除写给许氏和宗氏外，写得最多的女性，其中，《出妓金陵子呈卢六》就一鼓作气写了四首。

出妓，携妓而游也。这首诗，大抵是可以触见李白内心一些东西的。李白有心写诗给金陵子，可偏偏从标题看来，诗是写给卢六的。李白在纵情声色的同时，还要拉上一个叫卢六的人。卢六何许人也？不知道。但从第三首里可以获悉卢六的身份：

东道烟霞主，西江诗酒筵。

相逢不觉醉,日堕历阳川。

卢六应该是一个道人,喜欢玩霞弄雾。两个人在西江边纵情饮酒,谈经论道。同座的还有谁呢,当然还有美丽的金陵子。大家弹曲助兴,把酒言欢,通宵达旦。

风景秀美,美人助兴,最是人生大乐事也。可是李白不高兴啊。细细读读其一与其二,那大欢喜里的大悲凉、大孤独,像陈年苞谷烧里那泥土的味道,一点儿一点儿地咂摸出来了。

其一:

安石东山三十春,傲然携妓出风尘。
楼中见我金陵子,何似阳台云雨人?

其二:

南国新丰酒,东山小妓歌。
对君君不乐,花月奈愁何!

好,关键字出来了,"愁"啊!和美丽的女人出来喝酒,还拿腔拿调地说愁啊愁的,除了李白,不知还有没有其他诗人。

为什么愁呢?

这第一首诗说，谢安石在东山30年，喜欢携手歌妓傲啸于山林之间。卢六啊卢六，你看我的歌妓和谢安的有得一比吧，她像不像那巫山阳台上和楚王云雨的神女呢？

谢安石即东晋宰相谢安。在这里，李白像个俗不可耐的"富二代"，和古人过不去，与谢安比谁的女人漂亮。心里得意就好了，可李白偏偏要说出来。为什么？因为李白愤愤不平。

不知卢六是不是读懂了李白的诗。谢安，是李白出将入相的人生偶像，潇洒飘逸，出仕后官至宰相。看着金陵子跳舞，在得意与炫耀之余，李白的思绪飞得很远很远，根本不在金陵子身上。他在想，我才华不输谢安，我带出来的女人也不差呀。可我什么时候，才可以像谢安一样，建功立业，指点江山呢？

卢六不知有没有问他，面对美女，你怎就偏偏想的是当官，为什么就不能好好地谈一场昏天黑地的恋爱呢？

卢六当然不会问。因为在第二首诗里，李白开始自己问自己了，自己安慰自己了：有南国的美酒新丰酒，有东山的小美人陪着你，可你还是乐不起来，那还有什么办法呢？花月也无可奈何呀。

他自己也知道没有办法。他是一个病入膏肓的赌徒。

李白的痛，是建功立业的"少年心事当拏云"之痛，是"大道如青天，我独不得出"之痛，也是屈原之痛、陶渊明之痛、杜甫之痛、苏轼之痛。

天才的痛都是相通的。《滕王阁序》据说是天才王勃14岁时所作,"勃,三尺微命,一介书生",痛苦落寞却也无边无际:

天高地迥,觉宇宙之无穷;兴尽悲来,识盈虚之有数。望长安于日下,目吴会于云间。地势极而南溟深,天柱高而北辰远。关山难越,谁悲失路之人?萍水相逢,尽是他乡之客。怀帝阍而不见,奉宣室以何年?

此情此景,此时此刻,少年王勃发出老来之叹:

嗟乎!时运不齐,命途多舛。冯唐易老,李广难封。

这样的一个王勃。这样的一个李白。这样的许许多多的李白们。一辈子,都处在江湖之远。一辈子,悲凉地做着庙堂的美梦。

28

历史总是华美庄严,生活总是向隅而泣。尽情地鄙视李白吧!让他去哭!一个人,躲在没人的角落,为一辈子的失败买单。

王维晚年有一首诗:

晚年惟好静,万事不关心。
自顾无长策,空知返旧林。
松风吹解带,山月照弹琴。
君问穷通理,渔歌入浦深。

王维精通佛学,受禅宗影响很深,这首诗,我最喜欢的还是最后两句:"君问穷通理,渔歌入浦深。"这是对前面"万事不关心"的最好的解释。这里,有无奈,有洒脱,有隐逸,这是自古至今中国大多数文人在面对无奈现实时的自我解脱。王维的这种思想,一方面是自己性格使然,另一方面也是看透了世事而不想卷入太多纷争。

如果读其《少年行》,会怀疑前后两人是不是同一个王维。王维《少年行》有三首，录其一如下：

新丰美酒斗十千，咸阳游侠多少年。
相逢意气为君饮，系马高楼垂柳边。

如此风流倜傥之少年形象，与李白又有何异？不妨对比一下李白写的《少年行》：

五陵年少金市东，银鞍白马度春风。
落花踏尽游何处，笑入胡姬酒肆中。

两位大诗人都生于701年，都见证了大唐盛世的无限荣光，这两首诗，又何尝不是少年王维与少年李白的真实形象写照。

但历史给了他们不同的道路。道路不同，最后又殊途同归，不管是信佛的王维，还是信道的李白，不管是多么少年意气，生活最终都教会他们领略到了人生最精妙的道理，即所谓个人自我之觉醒。像一个少年，在沙滩上捡拾贝壳，欣喜、跳跃、欢呼。这个少年慢慢长大了，他成了一个渔夫，他娶妻生子，一叶孤舟，漂泊于大海之上，大海的壮美与辽阔与他没有丝毫关系，此刻，他心里想的是捕更多的鱼。他老了，捕不动鱼了，只能在沙滩上晒太阳了，风和日丽，回首一生，他是潸然泪下，无限惆怅，还是静看潮起潮落，心如止水。

老啦老啦，无论是王维，还是李白，最欣赏的，一定都是杨万里那句诗："日长睡起无情思，闲看儿童追柳花。"

王维也好，李白也好，曾经都是那个追柳花的少年。但他们的心境，肯定都和杨万里不一样：信佛的王维，更多的是心静如水；信道或者说最终什么也不信的李白，更多的是潸然泪下。

心静如水与潸然泪下都是对生命的顿悟。而李白，哪一次跋涉之后的顿悟不是潸然泪下，哪一次豪情之后的感慨不是潸然泪下？他有过多少磨难？受过多少委屈？有多少恨？有多少爱？只是，没有人读懂他的眼泪，没有人读懂他的爱，包括他自己。

大约在734年，李白游江夏（今湖北武汉）。面对汉水东流，诗人不禁遨游起兴，击节而歌。一首《江上吟》寄托了对自由美好生活理想的追求。最后两联成为经典：

兴酣落笔摇五岳，诗成笑傲凌沧洲。
功名富贵若长在，汉水亦应西北流。

读此诗，突然觉得，"潸然泪下"远远不能表达李白的情感。最好的词，是"老泪纵横"。而这个时候的李白，才三十多岁，正是"金戈铁马，气吞万里如虎"的年龄。他的省悟，是如此的痛切，如此的让人猝不及防。

这样的一个李白，当是一个为自由、为爱可以赴汤蹈火的人。像司马相如之追求卓文君：

有一美人兮，见之不忘。
一日不见兮，思之如狂。
凤飞翱翔兮，四海求凰。
无奈佳人兮，不在东墙。

而历史，却狗血地为李白安排了两个相府家的女子，还有一个长舌短视的"会稽愚妇"。

历史总是华美庄严，生活总是向隅而泣。

尽情地鄙视李白吧！让他去哭！一个人，躲在没人的角落，为一辈子的失败买单。

关于哭，《晋书·阮籍传》记载"竹林七贤"的代表人物阮籍如此"穷途而哭"：

时率意独驾，不由径路，车迹所穷，辄恸哭而反。

阮籍这哭，何尝不是一种美。魏晋文人，是中国历史上最追求自由，最崇尚自我，最接近自然的一个文人群体。唯其自由，方得自我，唯有自我，方懂自然。自由、自我、自然的本质，其实就是道家思想的本质。

惠子是战国时期著名的合纵抗秦的倡导者，名家学派的开山鼻祖。惠子和庄子有过很多有趣的辩论。有一次，惠子对庄子说：

吾有大树，人谓之樗。其大本臃肿而不中绳墨；其小枝卷曲而不中规矩；立之途，匠人不顾。今子之言，大而无用，众所同去也。

惠子这是骂人不带脏字，嘲笑庄子的话大而无用，全是废话。庄子是怎么回答的呢。庄子用诗一样的语言说：

今子有大树，患其无用，何不树之于无何有之乡，广莫之野，彷徨乎无为其侧，逍遥乎寝卧其下。不夭斤斧，物无害者，无所可用，安所困苦哉！

这棵树到了庄子那里，却将它栽种在无边无际的旷野里，有事没事，悠然自得地徘徊于树旁，优游自在地躺卧于树下。什么是道，这就是道。你看这棵生长于无何有之乡的大树，多么自由自在，无拘无束，无所可用而颐养天年。

如果李白参透了道，这个在沙滩上捡拾贝壳的少年，回首一生，潮起潮落，就一定不会是潸然泪下。我更喜欢他像阮籍一样，穷途而哭。

但李白，说到底只是一个挣扎的道教徒。有些人，以出世之心，做入世之事。有些人，以入世之心，时时想着出世之事。儒家用世，佛家避世，道家享受世界，而李白，本质上非佛非道非儒，他是一个典型的分裂者。

李白的爱情亦然。

《庄子·大宗师》中说："泉涸，鱼相与处于陆，相呴以湿，相濡以沫，不如相忘于江湖。与其誉尧而非桀也，不如两忘而化其道。"意思是说，两条鱼搁浅在快干涸的泉水里，为了生存，就相互呼着湿气，滋润着对方。庄子在这里提出了一个观点，即"相濡以沫，不如相忘于江湖。"如果说，李白与许氏夫人的十年安陆生活是相濡以沫，那么，他与宗氏夫人的各自云游学道，则属于典型的相忘于江湖。

但实际上，李白既没有相濡以沫，也没有相忘于江湖。庄子还有一句话："与其誉尧而非桀也，不如两忘而化其道。"也就是说，尧的圣明也好，桀的昏聩也罢，不如两忘，而归于一种"道"。

这种"道"是什么呢？简单来说，就是"放下"，一切归于事物本来的规律。

李白也没有放下。

某教授讲庄子，挺入心的一句话是：担当是我们的一份社会责任，超越是我们的生命境界。

既要担当，又要超越，其实就是一种撕扯。用现在的话来说，就是扯淡！一切痛苦与悲凉都来源于此。

获得过鲁迅文学奖的诗人汤养宗写过一首《光阴谣》，有这样几句诗或许也为李白们而写：

一直在做一件事，用竹篮打水
　　并做得心安理得与煞有介事
　　我对人说，看，这就是我在人间最隐忍的工作
　　使空空如也的空得到了一个人千丝万缕的牵扯

　　李白的爱情，李白的一生，李白的痛苦，也许就在这放下里，也许就在这担当里，也许就在于，明知用竹篮打水的可笑，可偏偏做得心安理得与煞有介事。

十四 葬我

29

他把一辈子的相思,都给了月亮。那个遥不可及的月亮,皎洁,却清冷;普照人间,却不可接近。

夸张点儿说,超人李白,在761年成了一个流浪汉。

761年,他把夫人送到庐山与李腾空一起修道,然后,孤身一人,在金陵、宣城一带游荡。

李白是要寻找年轻时的金陵子,还是要重走这一辈子的人生路?

这时,大将李光弼奉命浙东讨贼,李白那颗心又活起来了,决意要从军。可怜61岁的老头,贫病交加,最后还是一病不起,没办法,在761年岁暮,李白来到安徽省的当涂县,投奔族叔李阳冰。

762年11月,李白因"腐胁疾"死于当涂,应是多年嗜酒而引起的。

李白死了。英雄的李白,走在去往天国的路上,带着他不朽的传说。他肯定一直在走,一直在游山玩水。如今,他是否已经到达天堂,带着他的女人,过着真正的"天子呼来不上船"的生活。

如果真有爱情，李白的对象，是不是就是月亮呢？

湘西凤凰沈从文先生的墓碑上，有画家黄永玉先生亲自书写的一句碑文："一个士兵不是战死沙场，便是回到故乡。"李白二十多岁离开故乡，此后从没有回过故乡。尽管他说"仍怜故乡水，万里送行舟"，他说"此夜曲中闻折柳，何人不起故园情"，他说"故乡不可见，肠断正西看"，他说"清猿断人肠，游子思故乡"。他写故乡的诗不下于写月亮的诗。故乡、月亮、酒，还有女人，谁才是他真正的爱？

那一颗"烈士暮年，壮心不已"的灵魂，没有战死沙场，也没有归于故乡。

当涂人有李白"乘酒捉月"的传说。据说，李白醉酒后，乘船在长江赏月，见到江中有月亮的影子，低头去取，不幸淹死。没有死于沙场，没有死于故乡，也没有死在妻子的怀里。

自屈原起，自杀的诗人很多，但没有哪一种方式比"捉月而死"更有浪漫气息与诗人情怀。当年迈的李白，踩着醉醺醺的脚步，一步一步去追求那月亮时，他是否神思恍惚，看到了许氏、宗氏的身影？

诗人洪烛说，看见月亮我就想起李白，月亮是李白的遗孀。

这样说来，李白，他死于一场爱情。

实际上，任何的死，都是死于一场爱情。生离死别都是一场爱。只是，李白的这一场爱，最终的指向，都是长安。到临死，不是许氏安身的坟茔，不是宗氏修道的庐山。

李白去世之前，有一首《临终歌》：

大鹏飞兮振八裔，中天摧兮力不济。
余风激兮万世，游扶桑兮挂左袂。
后人得之传此，仲尼亡兮谁为出涕。

那一只"上摩苍苍，下覆漫漫"的大鹏，再也飞不动了。此生已矣，长歌当哭。

这是一个战士的悲伤。不是视死如归，而是死不瞑目。

陶渊明在临死前也写有《挽歌诗》三首，同样是走到人生的终点，李白一辈子所仰慕的陶渊明，却是如此从容：

有生必有死，早终非命促。
昨暮同为人，今旦在鬼录。
魂气散何之，枯形寄空木。
娇儿索父啼，良友抚我哭。
得失不复知，是非安能觉！
千秋万岁后，谁知荣与辱？
但恨在世时，饮酒不得足。

陶渊明唯一遗憾的，就是喝酒还喝得不够啊。诙谐中虽也隐含无奈和愤激，却充满着对死的蔑视。跌跌撞撞一辈子的李白，进，活不了王维的心静如水；退，活不了陶渊明的朴素单纯。

他把一辈子的相思，都给了月亮。那个遥不可及的月亮，皎洁，却清冷；普照人间，却不可接近。

如果说，"捉月而死"的传说是李白最后的殉情，那么，《月下独酌》则是李白给月亮最炽热的情书。"我歌月徘徊，我舞影零乱。醒时同交欢，醉后各分散。永结无情游，相期邈云汉"，这一种"永结无情游，相期邈云汉"，是许氏、宗氏从来没有过的待遇。

谁进入了男人的心里，谁就是一辈子最幸福的女人。如果把爱情分为几种境界，不妨这样分：生活伴侣、情感依靠、事业助手、人生知己。许多女人，或许一辈子，只是进到男人的胃里，是生活的伴侣。而这，就是我们歌颂一辈子的天荒地老了。

读李白，突然就理解了张爱玲。明知胡兰成是这样一个不可依靠的男人，但就在那一刹那间，"她变得很低很低，低到尘埃里，从尘埃里开出花来"。

也读懂了徐志摩之于林徽因，赵一荻之于张学良。有的昙花一现，有的天长地久。

也就懂了李白之于月亮。那清冷的、不可接近的月亮，却成为李白一生的追求。李白一辈子的孤独和痛苦都来源于此。没有哪一个男人的爱,有如此深情。

闻一多是最懂李白的。在长诗《李白之死》里,闻一多这样写李白的月亮:

啊!月呀!可望而不可即的明月!
当我看你看得正出神的时节,
我只觉得你那不可思议的美艳,
已经把我全身溶化成水质一团,
然后你那提挈海潮底全副的神力,
把我也吸起,浮向开遍水钻花的
碧玉的草场上;这时我肩上忽展开
一双翅膀,越张越大,在空中徘徊,
如同一只大鹏浮游于八极之表。

这样的李白,才是一个真正的恋爱中的李白!

传说中李白醉入江中捉月而死之处是长江的牛渚矶。牛渚矶,又名采石矶。一千多年后,1933年12月5日清晨,一辆从上海开往南京的客船,在进入采石矶附近江面时,一个青年,在甲板上纵身一跃,葬身滔滔江水。

这个青年,也是诗人,是被鲁迅称为"中国的济慈"的青年诗人朱湘,时年29岁。

再也不会有因为一个诗人的死而有了一个全民节日的时代。朱湘和李白是气质完全不同的诗人,朱湘孤傲、偏激、敏感。突然想起朱湘，除了那采石矶及诗人身份的巧合之外，还有一个更重要的原因，就是朱湘写的一首诗，题目叫《葬我》，灰色的调子，符合李白一生的风格。

可细读这首诗，和李白的《临终歌》一样，是无边的叹息，是对生命的追问。

其实，我更想把这首诗送给李白，和他的爱情，和他汲汲于一生的功名，和他的月亮，他的酒，他的女人。

> 葬我在荷花池内，
> 耳边有水蚓拖声，
> 在绿荷叶的灯上
> 萤火虫时暗时明——
>
> 葬我在马缨花下，
> 永做芬芳的梦——
> 葬我在泰山之巅，
> 风声呜咽过孤松——
>
> 不然，就烧我成灰，
> 投入泛滥的春江，
> 与落花一同漂去
> 无人知道的地方。